Mosaik

Eva Dörpinghaus

# Das Einzelkind

und die Besonderheiten
bei seiner Erziehung

Mit Spieleideen von
Cornelia Nitsch

MOSAIK VERLAG

Der Mosaik Verlag ist ein Unternehmen
der Verlagsgruppe Bertelsmann


Redaktion: Monika König, Jeanette Stark-Städele
Einbandgestaltung: Martina Eisele
Einbandfoto: G. P. A.-München
Satz: Filmsatz Schröter GmbH, München
Druck und Bindung: Graphischer Großbetrieb Pößneck
Printed in Germany · ISBN 3-576-10017-2

*Für meinen Sohn Jonas*

# Inhalt

# Von Zweifeln geplagt

Ist es egoistisch, nur ein Kind zu wollen? Schadet es meinem Kind, wenn es ohne Geschwister heranwächst? Werde ich selbst es später einmal bereuen, nicht mehrere Kinder in die Welt gesetzt zu haben? Solche Fragen gingen mir in den vergangenen Jahren immer wieder durch den Kopf. Wenn ich mit Freundinnen und Freunden, die ebenfalls Eltern eines Einzelkindes sind, darüber sprach, stellte sich heraus: Auch sie sind immer wieder von solchen Zweifeln geplagt. Denn uns allen sind die Vorurteile gegenüber Einzelkindern, die mal unterschwellig, mal offen zutagetreten, wohlbekannt: Einzelkinder sind verzärtelte, verwöhnte, nicht selten egoistische, meistens aber ziemlich einsame Wesen. Wir sind alle schon mit der Frage wohlmeinender FreundInnen, Bekannter oder KollegInnen konfrontiert worden: »Wie, Ihr wollt wirklich kein zweites Kind mehr?« Kritik an unserer Entscheidung schwingt in dieser Frage mit, Skepsis, ob wir uns der Konsequenzen überhaupt bewußt sind, Mitleid gegenüber dem noch unschuldigen Baby oder Kleinkind, das aufgrund dieser Einstellung seiner Eltern verzärtelt und verwöhnt werden wird.

Ich möchte in diesem Buch über Einzelkinder nicht nur über die Kinder sprechen. Ich möchte auch den Eltern von Einzelkindern Mut machen, zu ihrer Entscheidung zu stehen. Denn sie sind es, die von Zweifeln geplagt sind, die vielleicht ein schlechtes Gewissen haben, die ihrer eigenen Entscheidung immer wieder skeptisch gegenüberstehen. Für sie möchte ich aufzeigen, woher die Vorurteile Einzelkindern gegenüber kommen. Ich werde Wissenschaftler zitieren, die der Meinung sind, ein Einzelkind zu sein, sei schon eine Krankheit an sich, und solche, die das Einzelkind über den grünen Klee loben. Viel wichtiger als dieser Wissenschaftsstreit, der sich durch seine gegensätzlichen Forschungsergebnisse beinahe von selbst ad absurdum führt, ist für mich aber die Frage, warum sich immer mehr Frauen und Männer dafür entscheiden, nur ein Kind zu bekommen. Diese Gründe, die eng mit den sich verändernden Rollen von Frau und Mann in unserer Gesellschaft zusammenhängen, möchte ich später noch ausführlich darstellen (siehe Seite 134).

Dieses Buch soll kein Plädoyer für das Einzelkind sein! Wieviele Kinder eine Frau bekommen möchte, soll ihre Entscheidung sein. Niemand sollte sich anmaßen, sie in dieser Frage durch politische Parolen, kirchliche Diktate oder rigide, frauenfeindliche Gesetze (wie es der jetzige Paragraph 218 eines ist) unter Druck zu setzen. Das gilt für die grundsätzliche Entscheidung gegen (eigene) Kinder ebenso wie für den Wunsch, zwei, drei oder mehr Kinder zu bekommen. Aber das gilt eben auch für die Entscheidung, ein einziges Kind zu haben. Indem ich detalliert aufzeige, welches für viele Frauen und deren Partner triftige Gründe für ein Einzelkind sein können, hoffe ich denen Mut zu machen, die an ihrer eigenen Entscheidung immer noch zweifeln. Ich halte es nicht für egoistisch, nur ein Kind zu wollen. Es kann speziell für uns Frauen unter den gegebenen gesellschaftlichen Umständen sogar eine sehr kluge Wahl sein!

Es gibt einige Gefahrenpunkte in der Erziehung von Einzelkindern. Welche das sind und wie sich diese Klippen umschiffen lassen, möchte ich in den Kapiteln 3 bis 6 zeigen. Gefahrenpunkte gibt es aber nicht nur in der Erziehung von Einzelkindern. Erziehung ist ein ständiger Lernprozeß, bei dem wir, wie bei allem, was wir erlernen müssen, Fehler machen können – unabhängig davon, ob wir ein Kind oder fünf Kinder haben.

Neufahrn, im September 1991

Eva Dörpinghaus

# Einzelkinder gibt es viele

Wenn ich nachrechne, erstaunt es mich immer wieder: Wir Frauen haben erst seit rund 30 Jahren die Möglichkeit, unerwünschte Kinder mit »an Sicherheit grenzender Wahrscheinlichkeit« zu verhindern. 1961 wurde in Deutschland zum ersten Mal die Pille verkauft. Empfängnisverhütung wurde damit erstmals vom Roulettespiel zur sicheren und leicht handhabbaren Methode. Die Anti-Baby-Pille einzunehmen, war nicht komplizierter als ein Aspirin zu schlucken. Für die Avantgarde unter den Frauen, die schon in den frühen sechziger Jahren zur Pille griffen, war nun endlich Schluß mit der allmonatlichen entwürdigenden Warterei, ob nun oder ob nicht. Sie hatten jetzt endlich die Chance, Empfängnisverhütung zu betreiben, ohne enthaltsam zu sein, ohne zu rechnen, ohne irgendwelche anderen Manipulationen »unterhalb der Gürtellinie«.

## Die Pille macht's möglich

Ich will hier kein Loblied auf die Pille singen. Ihre Nachteile, allen voran die tagtägliche Zufuhr von chemischen Substanzen, stehen schließlich auf der Negativseite dieser verzuckerten Kügelchen.

Aber: die Einführung eines so sicheren Verhütungsmittels ist nicht ohne Folgen geblieben. Dank Pille und Spirale, die etwa zur gleichen Zeit ihre Verbreitung fand, ist die Familienplanung in ein neues Stadium geraten. Schwanger zu werden und Kinder auf die Welt zu bringen, geschah – notgedrungen – früher sehr viel selbstverständlicher als heute. Da die Frauen nur unzureichende, unsichere Möglichkeiten hatten, eine Schwangerschaft zu verhindern, war es zumindest für verheiratete Frauen weitgehend überflüssig, sich intensiv mit der Frage auseinanderzusetzen: »Will ich überhaupt ein Kind? Wenn ja, wieviele?« Die Wirklichkeit hat nur allzu oft den eigenen Wünschen den Garaus gemacht. Heute haben die

Frauen hierzulande Mittel an der Hand, eine Schwangerschaft mit nahezu hundertprozentiger Sicherheit zu verhindern. Die Frage »Ein Kind? Zwei oder mehr Kinder? Oder überhaupt keins?« ist jetzt nicht mehr nur ein Gedankenspiel, das jeden Monat wie eine Luftblase zerplatzen kann. Es ist konkrete Familienplanung, die ebenso sicher in Erfüllung gehen kann, wie der Beschluß, im Sommer an die französische Atlantikküste zu fahren oder sich im nächsten Monat ein neues Auto zu kaufen. Es ist möglich geworden, zum Kind oder zu Kindern »Nein« zu sagen – und dann auch tatsächlich nicht schwanger zu werden. Früher war dies so sicher nur möglich, wenn Frauen und Männer nicht miteinander ins Bett gingen. Während die Frauen sich noch vor einem Vierteljahrhundert den Kopf darüber zerbrechen mußten, wie sie sich vor einer Schwangerschaft schützen könnten, müssen sich heute viele erstmal Gedanken darüber machen, ob sie ihr Verhütungsmittel absetzen wollen oder nicht. Das Kinderkriegen kann in unserem Land genau kalkuliert werden. Pille und Spirale werfen nun aber auch ganz neue Fragen auf, Fragen, die genauso neu sind wie die modernen Verhütungsmittel:

- Will ich überhaupt Mutter werden? Wenn ja: warum eigentlich?
- Welches ist der beste Zeitpunkt für das (erste) Kind?
- Wollen wir nicht lieber noch warten, bis wir mehr Geld verdienen / eine größere Wohnung haben / beruflich fester im Sattel sind?
- Wieviele Kinder will ich? In welchem Abstand will ich sie bekommen?

## Der Zwang zum Planen

Kinder sind planbar geworden. Soviel Gutes diese Tatsache für die Frauen und ihr Leben auch gebracht hat – es gibt auch Schattenseiten: Diejenigen, die nicht oder falsch geplant haben, laufen Gefahr, in ein schlechtes Licht zu rücken.

Eine Frau ist ungewollt schwanger geworden? Ja, wieso das denn? Sie hätte doch die Pille nehmen können!

Eine Frau ist nicht glücklich über die Tatsache, ihren Beruf aufgegeben zu haben und nun als Mutter und Familienfrau zu Hause zu sein? Wieso beschwert sie sich denn? Das hätte sie sich ja schließlich früher überlegen können! Sie war doch nicht gezwungen, Kinder zu bekommen.

Da die Frauen in den hochentwickelten Industrienationen die praktischen Möglichkeiten an der Hand haben, die Zahl ihrer Kinder zu regulieren, wird von ihnen auch erwartet, daß sie es tun – und zwar richtig.

»Die neue Moral heißt bewußte, rationale, technisch-sichere Verhütung«, schreibt die Soziologin Monika Häußler. »Ihr Leitbild ist der aufgeklärte moderne Mensch, der verantwortungsbewußt mit dem Akt der Zeugung umgeht . . . Fast jeder wird verdächtigt, der im Zeitalter der unbegrenzten Verhütungsmöglichkeiten keinen Gebrauch davon macht. Verhütung wird vom notwendigen Übel zur aufgeklärten Staatsbürgerpflicht.«[1] Die Crux an der Sache ist aber: Nur weil mir jemand ein Motorrad schenkt, kann ich noch lange nicht damit fahren. Ich muß es erst lernen. Anders ausgedrückt: Die Hersteller der Pille haben uns Frauen – und auch unsere Männer – nicht gleichzeitig einen Kursus machen lassen, in dem wir sinnvolle Familienplanung hätten lernen können. Konnten sie auch gar nicht. Denn es gibt nicht die sinnvolle Familienplanung an sich. Was wirklich sinnvoll ist, sieht nicht nur von Paar zu Paar anders aus. Familienplanung, auch wenn das Wort noch so groß und überzeugend daherkommt, ist nicht nur ein rein technisches Problem. Die emotionale Ebene, auf der eben auch die Kinderfrage geklärt wird, läßt sich nicht nur vom Kopf her steuern – Verhütungsmittel hin oder her. Noch einmal Monika Häußler: »Es erscheint unmöglich, diese geforderte sachlich-technische Ebene mit Sexualität und Liebe zusammenzubringen. Liebe ist irrational, gefühlvoll, spontan, hoffentlich lustvoll – mit diesen Vorstellungen wachsen wir alle auf. In welchem Liebesfilm finden wir aufgeklärte, planende, kontrollierte, rationale Liebe und Sexualität? Romeo und Julia unterhalten sich nicht über Verhütung. Sie lieben sich, das ist etwas ganz anders. Das Rational-Planende widerstrebt den Träumen von Liebe und Sexualität. Zwei gesellschaftliche Leitbilder stehen sich unvermittelt gegenüber: die romantische Liebe und die vernünftige Empfängnisverhütung. Schon der Klang der beiden Begriffe in direkter Abfolge tut in den Ohren weh. Gefühl gegen Sachlichkeit, Traum gegen Technik, die Auflösung der Widersprüche bleibt dem Einzelnen überlassen; mündig, aufgeklärt, fortschrittlich, verantwortungsbewußt. Die Frage ist nur: Wie?«[2]

»Dank« nahezu hundertprozentiger Verhütungsmittel stehen die Frauen jetzt unter einem neuen Leistungsdruck: Sie sollen auch in Sachen Verhütung hundertprozentig funktionieren. Was viele von ihnen weder können noch wollen. Das hat nichts mit mangelnder Information oder einer prinzipiellen (»typisch weiblichen«!) Unfähigkeit zu rationalem Handeln zu tun. Das hat mit den Ambivalenzen des Kinderkriegens und Kinderhabens zu tun und mit den damit zusammenhängenden nicht vorhersehbaren Entwicklungen, die das Leben einer Frau grundsätzlich auf den Kopf stellen können. Welche Zwiespälte das im einzelnen sein können, möchte ich noch aufzeigen. Zunächst gehe ich auf eine weitere grundlegende Veränderung ein, die unser Fortpflanzungsverhalten ebenso wie die modernen Verhütungsmittel entscheidend beeinflußt hat.

## Im Alter versorgt – auch ohne eigene Kinder

In früheren Gesellschaften und in Ländern, in denen es keine staatlich gestützte Altersversorgung gibt, waren Kinder immer nötig für eine finanzielle Absicherung im Alter. Waren die Eltern nicht mehr in der Lage, selbst ihren Lebensunterhalt zu erarbeiten, mußten die Kinder einspringen und für ihre Eltern sorgen. Je mehr Kinder da waren, um so höher war die Wahrscheinlichkeit, daß dieses System auch funktionierte. Unser Rentensystem ist unabhängig von der Anzahl der Kinder. Um die Altersversorgung zu sichern, müssen keine eigenen Kinder aufgezogen werden. Im Gegenteil: Wer es tut, nimmt Verluste in der Altersversorgung in Kauf. Eine Frau, die ihr Leben lang erwerbstätig ist, erhält eine eigene Rente oder Pension, wenn sie in den Ruhestand geht. Eine Frau, die aus dem Erwerbsleben ausscheidet, um sich der Betreuung ihrer Kinder zu widmen, zahlt in der Regel während dieser Jahre nichts in die Rentenkasse ein und verbucht deshalb später diese Zeit mit einem erheblichen Minus.

Die dreijährige »Babyrente«, die ab 1992 als Anerkennung für die Kindererziehungsleistung gezahlt wird, macht hier den Kohl auch nicht fett. Sie schlägt mit 75 Prozent des Durchschnittseinkommens aller Versicherten zu Buche. Für das Jahr 1990 heißt das in Mark ausgedrückt: 29,70 DM pro Kind, um die später die Rente monatlich gesteigert wird. Der sarkastische Kommentar der Deutschen Hausfrauengewerkschaft zu dieser Summe: Um eine Rente in Höhe der Sozialhilfe zu beziehen, muß eine Frau 36 Kinder bekommen.

Zwei Dinge haben sich also grundlegend geändert: Frauen *müssen* keine Kinder mehr bekommen. Denn sie haben die Mittel, eine Empfängnis zu verhüten. Und: Sie haben es nicht mehr nötig, Kinder in die Welt zu setzen, um im Alter versorgt zu sein. Die Diskussion um die Frage: »Will ich überhaupt ein Kind? Wenn ja, wieviele?« kann erstmals losgelöst hiervon stattfinden.

## Immer mehr Kinder ohne Geschwister

Nach wie vor entscheiden sich viele Frauen dafür, Mutter zu werden. Neu ist der Trend zum Einzelkind. Wieviele Ein-Kind-Familien es in Deutschland gibt, ist schwer zu sagen. Denn in der amtlichen Statistik sind Einzelkinder nicht direkt erfaßt und ausgewiesen. Das läßt sich leicht erklären: Nehmen wir an, zum Zeitpunkt X würden alle Familien mit einem Kind erfaßt. Diese Zahl sagt uns dann aber nicht, wieviel Einzelkinder es gibt. Denn schon ein Jahr später können etliche Familien weitere Kinder bekommen haben und die »Einzelkinder« sind zu Geschwisterkindern geworden.

Eine solche Momentaufnahme hat uns die Volkszählung Ende der achziger Jahre gebracht. Da gab es in der Bundesrepublik Deutschland über 5 Millionen Familien, in denen zum Zeitpunkt der Befragung ein Kind lebte. Es ist ein Trugschluß, daraus zu folgern, daß es in der BRD fünf Millionen Einzelkinder gibt (das wäre jede zweite Familie!). Werfen wir zunächst einen Blick auf die Geburtenentwicklung des 20. Jahrhunderts: Zu Beginn des Jahrhunderts lebten in der deutschen Durchschnittsfamilie vier und mehr Kinder. Lediglich in 12 von 100 Ehen wurde nur ein Kind geboren, während in 47 von 100 Ehen vier und mehr Kinder auf die Welt kamen. Schon nach dem ersten Weltkrieg hatte sich die Zahl der Ein-Kind-Familien verdoppelt, die Zahl der Familien mit vier und mehr Kindern halbiert. Bis zum Jahr 1986 geht der Anteil der Familien mit mehreren Kindern auf 3 Prozent zurück.[3] Es gibt verschiedene Wege, um einigermaßen realistische Ergebnisse über die Anzahl von Einzelkindern zu bekommen. Zwei von ihnen möchte ich hier kurz vorstellen:

Der Aachener Erziehungswissenschaftler Thomas von Kürthy, der mit seinen Mitarbeiterinnen und Mitarbeitern als erster in Deutschland eine große empirische Studie über Einzelkinder erstellt hat, geht davon aus, daß der Familienbildungsprozeß erst nach durchschnittlich 13 Jahren Ehe abgeschlossen ist (bis dahin kommt es immer noch vor, daß dem bisher einzigen Kind ein Geschwister folgt). Wenn wir hiervon ausgehen, und uns einmal nur die Familien anschauen, in denen die Ehepaare 11 bis 15 Jahre verheiratet sind, zeigt sich:

○ In 35 Prozent aller Familien mit 11- bis 15jähriger Ehedauer gibt es ein Einzelkind.

Auf die Kinder umgerechnet bedeutet das:
○ 18 Prozent aller Kinder wachsen als Einzelkinder auf.[4]

Der Volkswirt Reiner Schulz vom Bundesinstitut für Bevölkerungsforschung dagegen definiert alle die Kinder als Einzelkinder, die keine Geschwister haben und sechs bis zehn Jahre alt sind. Hierbei wird ausgegangen von der These, daß es legitim ist, neben den »echten« Einzelkindern auch alle die Kinder mitzuzählen, die einen Altersabstand von sechs Jahren oder mehr zu einem Geschwisterkind haben, also quasi wie Einzelkinder aufwachsen. Nach dieser Definition und den Zahlen aus dem Mikrozensus von 1985 ergibt sich dann:

○ Knapp vier Millionen Kinder (3 798 000) zwischen sechs und zehn Jahren haben keine Geschwister.[5]

Alle diese Zahlen beziehen sich auf die Bundesrepublik Deutschland vor der Wiedervereinigung. Aktuelle Zahlen über Deutschland gibt es noch nicht. Im Statistischen Bundesamt Wiesbaden fanden wir aber eine interessante Zahl aus der letzten Volkszählung in der DDR im Jahr 1981:

○ In 91,6% aller Familien in der DDR lebten drei Personen.

Nun kann die dritte Person natürlich auch die Oma, der Opa oder eine andere verwandte Person sein. In sehr vielen Familien wird sie aber sicherlich ein – einzelnes – Kind sein. Daß es in der früheren DDR mehr Einzelkinder gab, bzw. in den fünf neuen Bundesländern mehr Einzelkinder gibt, ist auch deshalb sehr wahrscheinlich, weil in den allermeisten Familien beide Elternteile gearbeitet haben. Wie wir im folgenden noch sehen werden, hängt die mütterliche Erwerbstätigkeit eng mit dem Wunsch nach weniger Kindern zusammen.

Umdenken ist angesagt. Einzelkinder sind heute keine kleine Gruppe mehr, die argwöhnisch betrachtet werden muß. Es sind viele, und es werden wahrscheinlich immer mehr.

---

### Was Eltern wissen sollten

* Exakte Familienplanung ist erst seit rund 30 Jahren möglich. Zuvor waren Einzelkinder schon deshalb die Ausnahme, weil weitere Kinder meist nicht verhütet werden konnten.
* Früher benötigten Eltern viele Kinder, um im Alter versorgt zu sein. Heute brauchen wir für die Altersversorgung keine eigenen Kinder mehr. Im Gegenteil: Kinder schmälern die Rente, weil viele Mütter ihre Erwerbstätigkeit unterbrechen.
* Einzelkinder sind keine Ausnahme mehr. Etwa jede dritte Familie hat heute ein Einzelkind.
* Es gibt schätzungsweise vier Millionen Einzelkinder allein in den alten deutschen Bundesländern.

---

# Schluß mit den Vorurteilen!

Ob Margarine, Putzmittel oder Saftgetränke, die Werbung kann mit Einzelkindern nichts anfangen. Zwischen der ausgeglichenen, sympathischen und attraktiven Hausfrau-Mutter und dem erfolgreichen, dynamischen, sportlichen Berufs-Vater sind immer zwei Kinder, meist ein Junge und ein Mädchen, in Werbespots zu finden. Sie vermitteln uns: Wir sind eine prima Familie. Bei uns ist alles okay (dank der richtigen Margarine...). Auch in meinem Kopf ist diese »Rama-Frühstücks-Idylle« präsent. Daß zu einer »richtigen« Familie mindestens zwei Kinder gehören, steckt ziemlich tief in mir drin. Häufig, wenn ich in einer beruflichen Arbeits-Krise stecke, sei es weil etwas nicht so läuft, wie ich es mir vorstelle, sei es, weil ich von einem heftigen Anfall von Schreibunlust gepackt werde, sinniere ich über eine »Vervollständigung« unserer Familie. Ob es nicht doch schöner wäre mit zwei Kindern? Und dann sehe ich uns werbespotmäßig im Garten sitzen: Die Sonne scheint, der Sonntagmorgenfrühstückstisch ist gedeckt, mein Mann und ich sitzen genießend vor unserem Kaffee und den frischen Brötchen, die lieben Kleinen spielen friedlich und vergnügt im Gras. Ich brauche meist nicht allzu lange, um wieder auf den Boden der Tatsachen zurückzukommen. Ich weiß, daß mir dieses kitschige Bild von der Werbung, von Zeitschriften und Büchern eingetrichtert wurde, und daß in Wirklichkeit immer alles ganz anders aussieht. Vielleicht regnet es, die Kinder streiten, irgend jemand hat vergessen neue Margarine einzukaufen? Ganz sicher aber sieht niemand in unserer Familie am Sonntagmorgen aus wie frisch aus einem Werbespot gestiegen!

Auch bei anderen Gelegenheiten merke ich, daß ich mich zwar für ein (einziges) Kind entschieden habe, dennoch aber immer das Gefühl habe, diese Entscheidung verteidigen zu müssen. Wenn mich jemand fragt: »Wie ist es denn nun bei euch? Kriegt ihr denn noch ein zweites Kind?« kann ich nicht nur einfach »Nein« sagen. Ich muß immer noch eine ausführliche Begründung nachschieben: »Ich habe Angst, ein zweites

Kind nicht mit meinem Berufsleben vereinbaren zu können. Da sowohl mir als auch meinem Mann der Beruf sehr wichtig ist, haben wir uns entschlossen, kein zweites Kind mehr zu bekommen« etc. Nicht selten folgt auch noch die Schilderung, wie unwohl ich mich oft im ersten Jahr nach Jonas' Geburt gefühlt habe, als ich beruflich eine Pause eingelegt habe. Warum muß ich unsere Entscheidung, ein Einzelkind zu haben, immer erklären? Erklären mir denn andere Leute, warum sie zwei Kinder haben?

## Idealfamilie: Mutter, Vater und zwei Kinder?

Andrejs Urdze und Maria Rerrich kamen nach einer Umfrage, in der es um den Alltag von Frauen und deren Kinderwunsch ging, zu dem Schluß: »Es entsteht häufig der Eindruck, daß Mütter, die sich kein zweites Kind mehr wünschen, teils ein schlechtes Gewissen haben, teils meinen, sich rechtfertigen zu müssen. Sie betonen, daß es ihr Kind nicht schlechter hat als andere, weil sie es irgendwie arrangieren konnten, daß es nicht als ›eigentliches‹ Einzelkind aufwächst«.[6] Auf die Frage »Wie sehen Sie die Situation eines Einzelkindes?« antworteten beispielsweise zwei Mütter von Einzelkindern so:

»Meine Tochter ist kein direktes Einzelkind. Erstmal haben wir sie nicht übermäßig verwöhnt, und sie ist jetzt auch im Kindergarten, wo es ihr sehr gut gefällt. Sie erzählt immer von ihren Freunden, besonders vom Thomas und vom Florian. Wir haben ja auch schon vorher Kontakt gepflegt zu Eltern mit Kindern und immer geschaut, daß sie zu Kindern Kontakt hat. Mit meiner Nichte war sie auch sehr oft zusammen, man konnte sich schon vorstellen, daß die zwei Geschwister wären. Es wäre schön, wenn noch ein Geschwister da wäre, aber die Zeit ist jetzt sowieso vorbei.«

»Ja, das ist schon schwieriger für ein Kind, wenn man allein ist und niemanden hat. Aber dadurch, daß wir lauter Bekannte und Nachbarn mit Kindern haben – das sehe ich hier bei den Kindern, die stecken ständig zusammen –, also dadurch glaube ich, daß es nicht allzu schwierig wird für das Kind.«[7]

In den Aussagen dieser beiden Mütter spiegeln sich einige Vorurteile wider, die über Einzelkinder kursieren. Beide Frauen weisen nachdrücklich darauf hin, daß ihre Kinder Freunde und Spielgefährten haben. Ich kenne diese Reaktion auch von mir selbst sehr gut. Warum tun Mütter (und Väter) von Einzelkindern das? Sie glauben, sich gegen die »Urteile« anderer schon im Vorfeld verteidigen zu müssen, die da lauten: Einzelkinder sind Einzelgänger. Sie sind verschlossen, kontaktarm, tapsen allein durch die Gegend. Einzelkinder tun sich schwer im Umgang mit anderen Menschen, sie können sich nur schwer ein- und unterordnen, sind tyrannisch und eigensinnig, haben Anpassungsschwierigkeiten, können nicht teilen, sind verwöhnt und unsozial, neigen zu Rechthaberei und Egoismus und hängen überdies an Mamas Schürzenzipfel. Einzelkinder haben einen schlechten Ruf. Eigenschaften, wie sie oben aufgezählt wurden, gibt es meinen persönlichen Beobachtungen zufolge in der einen oder anderen Form, stärker oder abgeschwächter, bei vielen Menschen. Ich kenne Kinder und Erwachsene, die mit Geschwistern aufwachsen oder aufgewachsen sind, und solche, die Einzelkinder sind, auf die diese Attribute zutreffen. Dennoch hält sich in den Köpfen vieler Menschen das Vorurteil, daß all diese von uns negativ bewerteten Eigenschaften ganz speziell und gehäuft bei Einzelkindern anzutreffen sind.

Die Gründe hierfür sind vielschichtig. Kinderlos zu sein oder nur wenige Kinder zu haben, war in früheren Zeiten meist ein Zeichen für fehlende oder mangelnde Fruchtbarkeit eines der beiden Elternteile. Wie schon im ersten Kapitel ausgeführt, gab es keine sicheren Verhütungsmittel, so daß eine Frau notgedrungen während ihrer Ehe häufig schwanger wurde – vorausgesetzt sie und ihr Mann waren gesund. Denn die Möglichkeit für eine Frau, sich ihrem Mann zu verweigern, mag zwar im Einzelfall hin und wieder bestanden haben, doch sicherlich nicht durchgängig – war doch der Akt der Fortpflanzung Bestandteil der »ehelichen Pflichten«.

Falls beide Partner der Ansicht gewesen sein sollten, ihre Kinderzahl nicht parallel zur Häufigkeit ihrer geschlechtlichen Vereinigung anwachsen lassen zu wollen und es vorzogen, an den fruchtbaren Tagen der Frau enthaltsam zu sein, kollidierte ein solches Handeln wiederum mit den geschriebenen und ungeschriebenen Gesetzen der Kirche. Deren katholische Vertreter setzen ja heute noch Millionen von Frauen, die die Pille oder Spirale nehmen (wollen), moralisch unter Druck. Nur wenige Kinder zu haben, konnte (und kann) also auch ein Hinweis auf Unbotmäßigkeit gegenüber den kirchlichen Regeln bedeuten.

Dies sind zwei wichtige Aspekte, die über Jahrhunderte hinweg unsere Wertvorstellungen über die »richtige« Familiengröße stark beeinflußt haben. Die oder der Einzelne bekommt solche Maßstäbe schon im Jugendalter mit. Für die Generation meiner Großeltern war es noch normal und selbstverständlich viele Geschwister zu haben und auch selbst mehrere Kinder in die Welt zu setzen. Als meine Eltern, die heute über 65 sind, in das gebärfähige Alter kamen, hatte sich die Zwei-Kind-Familie schon als Norm durchgesetzt. Meine Generation ist somit die erste, die damit beginnt, auf breiter Ebene überhaupt keine Kinder mehr zu bekommen, oder es bei einem zu belassen. Sie ist aber noch von den Wertvorstellungen geprägt, mit denen sie aufgewachsen ist. Deshalb ist es nicht erstaunlich, daß sie dem »Phänomen« Einzelkind mit Skepsis begegnet.

Nahrung erhält diese Skepsis außerdem reichlich durch bevölkerungspolitische Statements von Politikern, die den drastischen Geburtenrückgang und die sinkende Zahl von zukünftigen Rententrägern beklagen und durch diverse Untersuchungen von Wissenschaftlern, die jahrzehntelang kritiklos veröffentlicht wurden.

## Einzelkind: Mutterkind

Es war Stanley Hall, der um die Jahrhundertwende viele der ersten amerikanischen Psychologen ausgebildet hat, der gesagt hat: »Ein Einzelkind zu sein, ist an sich schon eine Krankheit ... Die unangemessene Aufmerksamkeit, die das Einzelkind verlangt und gewöhnlich auch erhält, macht es selbstsüchtig, egoistisch, abhängig, aggressiv, herrschsüchtig oder streitsüchtig.«[8]

Alfred Adler, Arzt, Psychiater und Begründer der Individualpsychologie, schrieb im Jahr 1931:

»Auch das Einzelkind hat seine besonderen Schwierigkeiten. Es hat einen Nebenbuhler, aber dieser ist weder Bruder noch Schwester. Seine Wettstreitsgefühle richten sich gegen den Vater. Ein Einzelkind wird von der Mutter verwöhnt. Sie hat Angst, es zu verlieren, und möchte es immer unter ihren Fittichen behalten. Es entwickelt, was man einen ›Mutterkomplex‹ nennt; es hängt an den mütterlichen Schürzenbändern und möchte den Vater gern von der Bildfläche der Familie verbannen . . . Oft ängstigt sich ein Einzelkind fast zu Tode, es könnten ihm Geschwister geboren werden. Freunde der Familie bemerken: ›Du solltest einen kleinen Bruder oder ein Schwesterchen haben‹, eine Aussicht, die es gründlich verabscheut. Es möchte immer Mittelpunkt der Aufmerksamkeit sein. Es hat wirklich das Gefühl, dies sei sein Recht, und wenn jemand seine Stellung in Frage stellt, empfindet es das als große Ungerechtigkeit. Im späteren Leben, wenn es nicht mehr im Brennpunkt der Aufmerksamkeit steht, hat es häufig Schwierigkeiten«.[9]

Auch die Eltern von Einzelkindern kommen bei Adler nicht gut weg. Pauschalierend und diskriminierend schreibt er:

»Ein weiterer Gefahrenpunkt für seine Entwicklung ist, daß es in eine furchtsame Umgebung hineingeboren wurde. Wenn die Eltern aus körperlichen Gründen keine weiteren Kinder haben können, beschränkt sich unsere Aufgabe darauf, die Schwierigkeiten des Einzelkindes bestmöglich zu bekämpfen; aber wir finden Einzelkinder auch in Familien, wo wir mehrere Kinder erwarten können. Die Eltern sind furchtsam und pessimistisch. Sie glauben, den wirtschaftlichen Schwierigkeiten einer größeren Kinderschar nicht gewachsen zu sein. Die ganze Atmosphäre ist ängstlich und nervös, und das Kind leidet schwer«.[10]

Alfred Adler, 1870 geboren, war zwar in vielen seiner Gedanken innovativ und fortschrittlich – in seiner Beurteilung von Einzelkindeltern aber geprägt von den herrschenden Wertvorstellungen über eine »richtige« (= große) Familie.

Auch sein Frauenbild entspricht den damaligen Rollenbildern. So schreibt er an anderer Stelle:

»Die Vorbereitung auf die Mutterschaft fängt sehr früh im Leben an. Die ersten Schritte können in der Einstellung der Mädchen zu kleineren Kindern beobachtet werden, in ihrer Liebe zu kleinen Kindern und zu ihren zukünfigen Aufgaben. Es ist nie ratsam, Jungen und Mädchen so zu erziehen, als hätten sie genau die gleichen Aufgaben vor sich. Wenn wir geschickte Mütter haben wollen, müssen die Mädchen für die Mutterschaft erzogen werden, und zwar so, daß sie die Aussicht, Mutter zu werden, bejahen, Mutterschaft als schöpferische Tätigkeit betrachten und von ihrer Rolle nicht enttäuscht sind, wenn sie sich ihr später im Leben gegenübersehen«.[11]

Die Mutterrolle ist für Adler die der Frau angemessene. Von daher konnte er sich nur Krankheit oder die Furcht vor wirtschaftlichen Schwierigkeiten als Ursache für die Entscheidung zu einem Einzelkind vorstellen. Die Vorstellung, daß eine Frau die Zahl ihrer Kind auf eines beschränkt, weil sie für sich nur so die Möglichkeit sieht, ihren ureigenen Interessen nachzugehen, lag ihm fern (obwohl solche Gedanken in der ersten Frauenbewegung der Zwanziger Jahre durchaus schon diskutiert und veröffentlicht wurden).

## Einzelkind: einsames Kind

Ein Zeitgenosse Alfred Adlers, der 1902 in Wien geborene Kinderarzt und Heilpädagoge Karl König geht in seiner Einschätzung von Einzelkindern in die gleiche Richtung. Sein Buch »Brüder und Schwestern. Geburtenfolge als Schicksal« ist mittlerweile in der zehnten Auflage erschienen. Karl König ist der Ansicht, daß der Platz, den jedes Kind von Geburt an innerhalb seiner Familie einnimmt, ein Faktor ist, der einen wesentlichen Teil seines Lebens durchwirkt und das Verhalten in der Gemeinschaft bestimmt. Das einzige Kind einer Familie hält er für ein seltsames Menschenexemplar, »das unmittelbar unter den Fittichen seiner Eltern aufwächst und denen es oft ihr ein und alles bedeutet. Ihr Leben ist in diesem einzigen Kinde beschlossen, dessen Existenz wiederum sich an Vater und Mutter gebunden empfindet.«[12] Das Einzelkind wird, Karl König zufolge, von seiner unmittelbaren Umgebung ferngehalten. Die Welt draußen kommt ihm fremdartig vor. Es könne sie wohl betrachten, aber nicht betreten. Es nehme zwar an den Geschehnissen der Welt teil, ohne aber wirklich daran teilzuhaben . . .

»Es sehnt sich danach, wie die anderen zu sein – heiter und unbefangen, lachend und weinend, voll Entgegenkommen und auch wieder Zurückhaltung. Aber all das ist ihm fremd. Es steht da und blickt ins Uferlose, weil es ein Kind der Schwelle ist.«[13]

Als Ursache für dieses Verhalten führt der Autor an, daß das Gefühlsleben eines Einzelkindes innerhalb seiner Familie unerprobt und unentwickelt bleibt. Ihm fehlen die Brüder und Schwestern, mit denen es hätte zusammen sein müssen. Ihm fehlen die Reibungen, die Kräche, die Streitigkeiten und auch die Herzenswärme und Zuneigung, wie es im Geschwisterkreis der Fall ist. Für Karl König ist das Einzelkind ein einsames Kind.

»Zwar sehnt es sich danach, mit anderen zu sein, aber wenn es dann dazu kommt, möchte es schon wieder mit sich allein sein. Das ist der Zwiespalt in den Empfindungen des einzigen Kindes: Anderen zu begegnen und einer der ihren zu werden – und dann doch wieder alledem sich zu entziehen.«[14] Dieses ambivalente Gefühl wird das Einzelkind Königs Meinung zufolge sein ganzes Leben lang nicht los:

»Auch wenn das einzige Kind herangewachsen ist, bleibt es in einer Art von ›splendid isolation‹ befangen. Es steht immer am Rande des Daseins, unfähig, in die Fülle des Lebens einzutauchen. Viele dieser einsamen Kinder zeigen im späteren Leben merkwürdig neurotische Züge in ihrem Verhalten. Auf Grund ihrer Vereinzelung entwickeln sich bei ihnen seltsame Gewohnheiten, die sie zu Eremiten oder zu ausgesprochenen Sonderlingen werden lassen«.[15]

Sollte sich jemand der Einschätzung Karl Königs anschließen, wird er oder sie nicht mehr ruhigen Gewissens ein Einzelkind in die Welt setzen können . . .

Doch den Eltern, »die nicht anders können«, spendet der Pädagoge am Ende seines Kapitels über Einzelkinder noch Trost:

»All dies scheint uns ein fast düsteres Bild der Schicksale des einzigen Kindes vor Augen zu führen. Es sollte aber nicht als Warnung gelten. Einzelkinder muß es auch geben. Ihre Eigenschaften können gerade sie zu großen Leistungen und zu hohem Vollbringen leiten. Durch seinen Ausnahmezustand kann ein Einzelkind sich manchmal zu Zielen erheben, die anderen unerreichbar sind«.[16]

Übrigens basieren Karl Königs Urteile über Einzelkinder auf seiner persönlichen Interpretation der Ergebnisse einer Fragebogenaktion, in der er 150 ihm gut bekannter Freunde nach der Zahl ihrer Geschwister und ihrem Platz in dieser Geschwisterreihe befragte.

## Einzelkind: egozentrisches Kind

Doch nicht nur die alten Herren, die Anfang des Jahrhunderts aufgewachsen sind, kommen zu so vernichtenden Aussagen über das einzige Kind einer Familie. Es gibt Wissenschaftler jüngeren Datums, die eine ähnliche Auffassung vertreten. So etwa Walter Toman, Professor für Psychologie an der Universität Erlangen-Nürnberg. In seinem Standardwerk über Geschwisterforschung »Familienkonstellationen. Ihr Einfluß auf den Menschen und seine Handlungen«, das er 1961 veröffentlichte, urteilt er über Einzelkinder:

»In höherem Maße als Kinder gleichen Alters, die andere Geschwisterpositionen innehaben, machen die Einzelkinder selbst den Eindruck kleiner Erwachsener ... Auch außerhalb der Familie legen Einzelkinder auf Sonderbehandlung wert. Sie wollen auch dort, ähnlich wie zu Hause, gern im Licht, unter der Aufsicht und mit der Unterstützung von älteren Personen oder von Personen in Autoritätspositionen leben. Sie wollen Anerkennnung finden für das, was sie von sich aus gerade tun oder unterlassen möchten.«[17]

Daß auch Einzelkinder häufigen oder gar regelmäßigen Kontakt zu anderen Kindern haben, scheint auch Walter Toman nicht geläufig. So folgert er also für das älter gewordene Einzelkind:

»Wir dürfen annehmen, daß das Einzelkind zu Hause in der Regel auf keine Beziehung zu einer altersnahen Person des gleichen oder des anderen Geschlechtes vorbereitet wurde. Es hat lediglich Erfahrungen über Beziehungen zum Vater und zur Mutter sammeln können.«[18]

Die Beziehungen, die ein Einzelkind mit Kindern von Freundinnen und Freunden der Familie, mit Nachbarskindern, mit Spielgefährten auf dem Spielplatz und im Kindergarten sowie mit den Schulfreundinnen und -freunden macht, fallen bei Toman offenbar überhaupt nicht ins Gewicht. Im Umgang mit all den Kindern, denen es Tag für Tag begegnet, mit denen es spielt, mit denen es sich auseinandersetzen muß, mit denen es all die Konflikte durchlebt, die Menschen miteinander haben können, kann ein Einzelkind ihm zufolge anscheinend keinerlei Erfahrungen sammeln.

Walter Toman, auf dessen Erkenntnisse sich fast alle Autoren und Forscher, die nach dem Erscheinen seines Buches zum Thema Familien- oder Geschwisterkonstellation arbeiteten, beziehen, weiter über das männliche Einzelkind:

»Was er tut, hält er häufig für wichtiger als das, was alle anderen in seiner Umgebung tun. Insgeheim wird er den Gedanken nicht ganz los, daß seine Arbeitsstelle, vielleicht auch seine Lebenssituation überhaupt, eine Veranstaltung zum Zwecke der Entfaltung seiner Bedürfnisse und Talente ist.«[19] Das männliche Einzelkind – der totale Egozentriker.

»Unter Frauen bevorzugt er mit Abstand eine mütterliche Person, die ihn bewundert und bereit erscheint, ihr Leben seinen Interessen oder seiner Laufbahn unterzuordnen. Wenn eine solche Person auch noch schön ist, umso besser. Er kann höflich und rücksichtsvoll sein, setzt aber diese Fähigkeiten eher nach eigenem Belieben als nach dem Bedarf der betreffenden Frau ein. Mehr als Männer mit Geschwistern bleibt er letzten Endes sich selbst der nächste.«[20]

Nicht nur egozentrisch, auch egoistisch ist das männliche Einzelkind. Frauen, hütet Euch davor, jemals so einen zu Eurem Partner zu machen.

Das weibliche Einzelkind scheint Walter Toman weniger egoistisch vorzukommen als ihr männliches Gegenstück. Dafür ist sie offenbar ihr Leben lang nicht in der Lage, ihre »Klein-Mädchen-Haltung« abzulegen:

»Mehr als ihre Kollegen und Kolleginnen lehnt sie sich

dabei an ihre Vorgesetzen an, versucht, deren Wünsche und Pläne zu erfüllen und möchten deren ›liebstes Kind‹ sein, wenn sie schon nicht das ›einzige Kind‹ sein kann. Dadurch wirkt sie teils als Streberin, teils als Musterkind mit latenten oder manifesten Ansprüchen auf bevorzugte Behandlung. Sie kann sehr einsatzbereit und motiviert sein, wird aber von ihren Mitarbeitern und vor allem von ihren Mitarbeiterinnen als unkollegial empfunden.«[21]

Abgesehen davon, sich bei Vorgesetzten einzuschmeicheln und bei KollegInnen unbeliebt zu machen, kann das weibliche Einzelkind Tomans Meinung zufolge beruflich nicht viel auf die Beine stellen:

»Ohne Eltern oder fürsorgliche Berater während ihrer Laufbahn kann sie beruflich häufig nicht viel Staat machen, doch auch mit einer solchen Förderung sind ihre Chancen für eine besonders erfolgreiche eigenständige Karriere eher gering. Hier unterscheidet sich das Schicksal des weiblichen deutlich von jenem des männlichen Einzelkindes. Vielleicht hängt das mit dem Umstand zusammen, daß die Berufswelt doch eher von Männern als von Frauen dominiert wird, vielleicht aber auch damit, daß sich das weibliche Einzelkind in der Konkurrenz mit anderen Frauen und sogar mit Männern gern in den Schutz seines Patrons begibt und ihn ihre Sachen auskämpfen lassen möchte«.[22]

Doch nicht nur für das Berufsleben, auch für das Liebesleben ist das weibliche Einzelkind denkbar schlecht ausgerüstet:

»Im Umgang mit Freunden und Männern kann sie ihre Verwöhnung und ihre Egozentrizität zunächst kaum verbergen. Sie hat mehr Mühe als andere Mädchen, sich und ihre Bedürfnisse zugunsten des Partners hintanzustellen. Sie kann herzloser und extravaganter als die meisten Mädchen und Frauen sein ...«[23]

Am Schluß seines Buches relativiert Walter Toman seine harten Urteile in gewisser Weise. Er hält den Leserinnen und Lesern vor Augen, daß Familienkonstellationen das menschliche Verhalten nur zum Teil beeinflussen und daß selbst dieser Teil nicht zwingend eine Wirkung haben muß. Er gibt auch zu, daß sein statistisches Material nur für 10 bis 20 Prozent (!) des sozialen Dauerverhaltens einer Person aussagekräftig ist. 80

bis 90 Prozent der Einflüsse auf dieses Verhalten stammen aus anderen Lebensbereichen!

Ich denke, wir können die Werke von Alfred Adler, Karl König und Walter Toman nun beruhigt zuschlagen. Wir wissen jetzt, woher die langlebigen Vorurteile gegenüber Einzelkindern unter anderem ihre Nahrung bezogen haben.

## Woher die Vorurteile kommen

* Vor der Einführung der modernen Verhütungsmittel bedeutete keine oder nur wenige Kinder zu haben, mangelnde Fruchtbarkeit oder Ungehorsam gegenüber der Kirche.
* Die Generation der heute 30jährigen ist die erste, die auf breiter Ebene damit beginnt, keine oder nur wenige Kinder zu bekommen. Einer Avantgarde wird häufig mit Skepsis entgegengetreten.
* Werbung und Massenmedien suggerieren uns die »Mutter-Vater-Zwei-Kinder-Familie« als *die* deutsche Idealfamilie.
* Viele Wissenschaftler haben fast ein Jahrhundert lang gängige Vorurteile durch nicht ausreichend abgesicherte Einzeluntersuchungen kolportiert.

## Einzelkinder: intelligenter, selbständiger, kontaktfreudiger

Es gibt aber nicht nur Unkenrufe aus den Reihen der Wissenschaftlerinnen und Wissenschaftler, die sich mit dem »Phänomen« Einzelkind beschäftigt haben. Es gibt nach neueren Forschungen auch Applaus für sie. Plötzlich heißt es nämlich:

Einzelkinder sind intelligenter als Geschwisterkinder.
Einzelkinder sind selbständiger.
Einzelkinder sind kontaktfreudiger.
Einzelkinder haben weniger autoritäre Eltern.

Die Trendwende kam, wie so vieles, aus den USA. Hier waren

die Einzelkinder zuvor allerdings auch am negativsten beurteilt worden. Noch 1977 waren 67 Prozent der Amerikanerinnen und Amerikaner der Meinung, Einzelkinder seien dem Leben gegenüber benachteiligt.[24]

Dabei hatten die »Männer des Jahres 1968«, von der amerikanischen Zeitschrift »Times« ausgewählt, doch eigentlich schon das Gegenteil bewiesen. Die drei Einzelkinder William Anders, Frank Borman und James Lovell waren damals die Überflieger des Jahres. Mit der Apollo-8-Rakete hatten sie den Mond umrundet, beruflichen Erfolg und die Bewunderung der Massen eingeheimst. »Jeder Astronaut ist ein Einzelkind«, jubelte die »New York Times« am 21. Dezember 1968. Die Initialzündung, Einzelkinder auch einmal in positivem Licht zu sehen, war jetzt gegeben. WissenschaftlerInnen fanden in ihren Untersuchungen nun auch die positiven Seiten dieser Kinder heraus.

Die amerikanische Psychologin Toni Falbo kommt in ihrem Buch »The Single-Child Family« zu dem Schluß, daß Einzelkinder intelligenter und ehrgeiziger sind, insbesondere aber die Beziehung zu ihren Eltern sehr viel häufiger als Geschwisterkinder als positiv beschreiben. Zudem sei schon bei sehr jungen Kindern festzustellen, daß viele von ihnen größere soziale Fähigkeiten hätten als Kinder mit Geschwistern, vor allem als jüngere Geschwisterkinder.[25]

Die Erklärung für dieses Phänomen liefern die PsychologInnen Candice Feiring und Michael Lewis ein Kapitel weiter im gleichen Buch:

». . . Mütter von Einzelkindern, die stärker in die Aktivitäten ihrer Kinder einbezogen sind, haben später sozialere Kinder . . .«[26]

Die Soziologen H. Theodore Groat, Jerry Wicks und Arthur G. Neal untersuchten erwachsene Einzelkinder. Wenn Eltern sich Sorgen um die gesunde Entwicklung eines Einzelkindes machten, so dachten sie, dann ja wohl vor allem aus der Befürchtung heraus, daß sie später als Erwachsene einmal unter irgendwelchen Fehlentwicklungen zu leiden hätten. Völlig unnötig, wie die drei Wissenschaftler am Ende ihrer Untersuchung an über 7000 jung verheirateten Ehepaaren feststellen konnten:

»Wir haben zeigen können ..., daß es ganz wenige signifikante Unterschiede zwischen Erwachsenen, die als Einzelkinder oder Nicht-Einzelkinder aufgewachsen sind, gibt. Der einzige signifikante Unterschied, der zutage trat, war der Bildungsgrad, der bei den Einzelkindern etwas höher lag als bei ihren Gegenspielern mit Geschwistern. Die Entscheidung, mehr als ein Kind zu bekommen, um zu vermeiden, ein Einzelkind zu haben, scheint deshalb fehl am Platz. Wir fanden keinen Beweis für negative Auswirkungen auf das Verhalten Erwachsener, die als Einzelkinder aufgewachsen sind.«[27]

Die deutschen Untersuchungen kommen in jüngerer Zeit zu ähnlichen Ergebnissen. In Mannheim wurden 399 achtjährige Kinder untersucht. Sie alle wurden fünf Jahre später noch einmal unter die Lupe genommen. Das Resultat:

»... konnten wir keine bedeutsamen Unterschiede hinsichtlich psychiatrischer Auffälligkeit, chronischer familiärer Belastungen oder belastender Lebensereignisse zwischen Einzel- und Geschwisterkindern feststellen. Allein bei der Intelligenz ergab sich ein signifikanter Unterschied zugunsten der Einzelkinder. Das Stereotyp vom benachteiligten Einzelkind scheint demnach – zumindest unter den heutigen gesellschaftlichen Bedingungen – nicht haltbar; vermutlich war es auch für frühere Generationen nicht zutreffend.«[28]

Die beiden größten deutschen Untersuchungen über Einzelkinder stammen aus Aachen, beide von ein und demselben Wissenschaftler. Im Wintersemester 1984/85 befragte der Erziehungswissenschaftler Thomas v. Kürthy 818 Studentinnen und Studenten der Rheinisch-Westfälischen Technischen Hochschule Aachen. Die Quintessenz dieser Studie:

»In den meisten Punkten, wo eine Gegenüberstellung möglich und sinnvoll war, unterschieden sich die Einzelkinder von den Mittelkindern deutlich. Sie waren insgesamt selbständiger, idealistischer, aufgeschlossener, ernsthafter und selbstsicherer, anlehnungsbedürftiger und zärtlicher. Aber auch bei negativen Punkten wie streitsüchtig oder egoistisch rangieren sie über den Mittelkindern.«[29]

Drei Jahre später hatten v. Kürthy und seine MitarbeiterInnen die Gelegenheit, in einem sehr viel größer angelegten Projekt, das von der Deutschen Forschungsgemeinschaft unterstützt wurde, die bislang detaillierteste deutsche Untersuchung über Einzelkinder durchzuführen.[30] Im Gegensatz zur ersten Untersuchung, in der ausschließlich Studentinnen und Studenten befragt worden waren, gaben nun Menschen aus allen Bevölkerungsschichten Auskunft über sich selbst. 819 Frauen und Männer aus Aachen im Alter zwischen 16 und 40 Jahren wurden im Frühjahr 1988 befragt. Einige der wichtigsten Ergebnisse:

- Einzelkinder sind ebenso kontaktfreudig wie Geschwisterkinder.
- Einzelkinder beurteilen rückblickend ihre Familie ebenso positiv wie Geschwisterkinder.
- Einzelkinder lösen sich später von ihrem Elternhaus als Geschwisterkinder.
- Mehr Einzelkinder (16%) gaben an, im Alter von sechs Jahren vorwiegend allein gespielt zu haben (Geschwisterkinder: 4%).
- Deutlich höher ist aber der Anteil von Schulfreundschaften bei Einzelkindern mit 42% im Vergleich zu Geschwisterkindern mit 34%.[31]

Wie schon in seiner ersten Studie kommt v. Kürthy auch nach dieser zweiten zu dem Ergebnis, daß die krassen Vorurteile, die immer noch gegenüber Einzelkindern bestehen, nicht haltbar sind. Die Ergebnisse der zweiten Umfrage dienten dem Erziehungswissenschaftler für ein pädagogisches Konzept für die Einzelkinderziehung, auf das ich in den folgenden Kapiteln noch ausführlich zu sprechen komme.

### Neue Untersuchungen kommen zu positiven Ergebnissen

* Eine amerikanische Untersuchung bei 7000 jungen Ehepaaren kommt zu dem Ergebnis, daß es keine bedeutsamen Unterschiede zwischen Erwachsenen gibt, die als Einzelkinder oder mit Geschwistern aufwuchsen.

* 399 achtjährige Mannheimer Kinder haben gezeigt: Einzelkinder unterscheiden sich nicht von Geschwisterkindern – außer: in der etwas höheren Intelligenz.
* Eine Studie an 819 Frauen und Männern aus Aachen zeigt: die Vorurteile gegenüber Einzelkindern sind nicht haltbar!

## Woher kommen diese Widersprüchlichkeiten?

Mir erscheinen verschiedene Erklärungen für diese so ganz und gar widersprüchlichen Untersuchungsergebnisse plausibel.

Erstens: Studien, bei denen einer repräsentativen Auswahl der Durchschnittsbevölkerung zur gleichen Zeit die gleichen Fragen gestellt werden, sind bei psychologischen Fragestellungen noch ziemlich neu. Die älteren Untersuchungen über Einzelkinder beziehen sich häufig auf eine kleinere Zahl von Interviews, die obendrein oft mit PatientInnen der ärztlichen Praxen gemacht wurden. Im Licht der Untersuchungen in der Gesamtbevölkerung stehen Einzelkinder jetzt ganz anders da.

Zweitens: Forschung über Einzelkinder war jahrelang lediglich ein »Abfallprodukt« der Geschwisterforschung. Die Wissenschaftler waren daran interessiert zu erfahren, wie die Geburtsposition innerhalb der Geschwisterreihe den einzelnen Menschen beeinflußt. Alles, was Geschwister miteinander tun (sich helfen, sich streiten, sich verbünden etc.), mußte für die geschwister-losen Kinder erst einmal gestrichen werden. Sie konnten dies mit Gleichaltrigen innerhalb ihrer Familie nicht tun. Die simple Folgerung: Das alles fehlt ihnen, es ist ein Manko, daraus muß etwas Negatives entstehen. Daß aus dem bloßen Nichtvorhandensein auch etwas Neues, Positives entstehen kann, wurde außer acht gelassen. (Ein ähnliches Vorgehen können wir heute beobachten, wenn von »nicht vollständigen Familien« die Rede ist. Auch hier wird die Abwesenheit eines Elternteils fast durchgängig als Nachteil empfunden. Doch es gibt mittlerweile auch Studien, die zu sehr positiven Ergebnissen über diese Familien kommen.)

Drittens: Auch WissenschaftlerInnen sind Menschen. Damit möchte ich zu bedenken geben, daß sie ebenso vom Zeitgeist beeinflußbar sind wie alle anderen auch. Wenn es in der Gesellschaft ein durchgängiges Bild über die »Rolle der Frau beziehungsweise des Mannes« oder die »ideale Familiengröße« gibt, können auch sie sich in ihren Untersuchungen dadurch beeinflussen lassen. Außerdem: auch WissenschaftlerInnen sind als Einzelkinder oder Geschwisterkinder aufgewachsen, bzw. selbst Eltern von Einzelkindern oder Geschwisterkindern. Ob nicht auch das manchmal eine Rolle bei ihrer Arbeit spielt?

# Haben es Einzelkinder schlechter?

»Wir wollen noch ein zweites Kind, damit Andreas nicht allein aufwächst.« »Beatrix soll noch ein Geschwisterchen bekommen. Das ist doch schöner für die Kinder.« »Wir möchten noch ein zweites Kind, damit Markus auch eine Schwester oder einen Bruder hat.«

Viele Untersuchungen bestätigen: Der Grund für ein zweites Kind ist oft das erste Kind. Die Eltern vermuten erhebliche Nachteile für ihr erstes Kind, wenn es ein Einzelkind bleibt. Deshalb beschließen sie, noch ein weiteres Kind zu bekommen. Wie in dem vorherigen Kapitel ausgeführt, zeigen die neueren Untersuchungen über Einzelkinder, daß dieses Motiv eigentlich nicht mehr stichhaltig ist. Einzelkinder nehmen keinen Schaden daran, ein Einzelkind zu sein. Der Aachener Erziehungswissenschaftler Thomas von Kürthy vertritt die Ansicht: »Als Einzelkind heranzuwachsen ist noch kein Nachteil, aber auch kein Vorteil. Wir müssen die Frage stellen, wann ist es ein Vorteil, wann ein Nachteil?«[32] Er weist darauf hin, daß mit jeder Position ein Sowohl-als-Auch verbunden ist: »Das Erstgeborene kann sich den Jüngeren gegenüber überlegen oder sich von ihnen verfolgt und aus der Liebe der Eltern verdrängt fühlen. Das Jüngste kann das Nesthäkchen sein oder der Ehrgeizling, der die anderen einholen will. Das Einzelkind kann besonders sozial und kommunikativ sein, um der Vereinzelung zu entgehen, es kann sich aber auch von der ›bösen Welt‹ außerhalb seiner behütenden Dreierbeziehung bedroht fühlen und Komplexe entwickeln.«[33]

Nirgendwo (auch in anderen Bereichen des Lebens als den familialen Beziehungen) ist alles nur rosig oder nur grau. Immer gibt es Vor- und Nachteile. Als Eltern haben wir aber die Möglichkeit, uns diese bewußt zu machen, bestimmte Gefahrenstellen zu erkennen und sie unter Umständen zu umschiffen. In Thomas von Kürthys Erziehungskonzept für Einzelkinder, auf das ich bereits im letzten Kapitel kurz hingewiesen haben, ist die »Bewußtmachung« der Baustein Nummer 1. Der Erziehungswissenschaftler schreibt:

»Bedeutsam für eine einzelkindspezifische Erziehung ist vor allem das Wissen um die Chancen und Gefahren, die speziell dieser Position immanent sind: Daß die gängigen Vorurteile über Einzelkinder nicht haltbar sind, hat unsere Untersuchung gezeigt. Das heißt jedoch nicht, daß es grundsätzlich keine Einzelkinder mit den angesprochenen Problemen gibt... In jedem Fall ist die Bewußtmachung der möglichen Entwicklungen und Fehlentwicklungen, die in der Einzelkindforschung bisher beschrieben wurden, für das Erkennen des kindlichen Lebensstils und damit für eine hilfreiche und fördernde Erziehung unverzichtbar. Erst wenn sich ein Bewußtsein für das Familienklima und ein Gespür für den Einfluß der Familienkonstellation entwickelt, kann die Erziehung mögliche negative Einflüsse und Tendenzen verhindern bzw. aufarbeiten und positive Impulse verstärken. Bewußtmachung bei der Einzelkinderziehung bedeutet vor allen Dingen, diese Kinder mit ihren möglichen Problemen zu sehen.«[34]

○ Ein Kind, das keine Geschwister hat, kann zu einem verschüchterten, einsamen Einzelgänger werden, wenn es nicht genügend Kontakt zu anderen Kindern hat.
○ Es kann nicht lernen, Konflikte zu lösen, wenn es keine Übung im Streiten mit anderen Kindern hat.
○ Es kann zu egoistisch werden, wenn es im Umgang mit Kindern und seinen Eltern nicht lernt, sowohl materielle Güter als auch Zuwendung und Zuneigung zu teilen.
○ Es kann in seiner selbständigen Entwicklung sehr behindert werden, wenn es die gesammelten Erwartungen, Hoffnungen und Sehnsüchte seiner Eltern erfüllen soll.
○ Es kann egozentrisch oder unselbständig werden, wenn die Eltern es als ihr ein und alles betrachten, es überbehüten und ihm keinen Raum für eine freie eigene Entwicklung lassen.

Wie Eltern von Einzelkindern diese Klippen umschiffen können, will ich im folgenden herausfinden. Doch schauen wir uns zunächst einmal an, wie die Kinder selbst das Für und Wider ihrer Einzelkindsituation beziehungsweise ihrer Geschwisterkonstellation sehen.

Uwe ist zehn Jahre alt. Er findet es auf der einen Seite gut, keine Geschwister zu haben, »weil ich manchmal meine Ruhe haben will.« »Der Nachteil daran, ein Einzelkind zu sein,« schreibt er, »ist, daß man oft allein ist und einem langweilig wird.« Uwe ist eines der 75 Kinder einer Grundschule, die für mich aufgeschrieben haben, worin sie die Vor- und Nachteile ihrer Situation als Einzelkinder oder Geschwisterkinder sehen. Seine Schulkameradin Katrin, ebenfalls ein Einzelkind, wünscht sich sehnlichst eine Zwillingsschwester: »Ich würde lieber eine Zwillingsschwester haben. Ich bin so alleine, wenn ich in Schwierigkeiten bin,deswegen brauche ich eine Schwester.« Die Kinder, die selbst Geschwister haben, sehen aber auch die Nachteile ihrer Situation. Was sie am häufigsten angeben, sind die nervigen Streitereien mit ihnen:

»Der Nachteil an Geschwistern ist, daß man sehr schnell streitet und zu raufen anfängt und sagt: ›Ich mach dir dein schönstes Spielzeug kaputt, wenn du mich nicht in Ruhe läßt!‹« (Julia über ihren siebenjährigen Bruder.)

»Er macht mir manchmal Sachen kaputt und ärgert mich.« (Jenny über ihren sechsjährigen Bruder.)

»Er petzt immer gleich und ist wehleidig, und er fängt immer gleich zum Weinen an. Das finde ich doof.« (Stephanie über ihren fünfjährigen Bruder.)

»Er schlägt mich und nervt mich.« (Martin über seinen 15jährigen Bruder.

»Sie wird so schnell wütend, sie ist gemein, sie ist immer unzufrieden.« (Michael über seine 13jährige Schwester.)

»Sie ärgert einen immer wie: ›Komm, laß uns Tennis spielen‹ und dann kommt sie mit der Masche an: ›Ach, ich hab' keine Lust mehr.‹« (Sascha über seine sechsjährige Schwester.)

»Sie ist böse, schlägerisch, unmöglich.« (Anton über seine fünfjährige Schwester. Er möchte übrigens trotz dieses vernichtenden Urteils mal zehn Kinder haben, wenn er groß ist...)

Und dann gibt es noch das lapidare Statement von Markus über seine 13jährige Schwester:

Der Nachteil an Geschwistern sei, daß »es ein Mädchen ist.«

## Keine Streitgefährten?

Daß ihnen die häufigen Streitereien mit Geschwistern erspart bleiben, sahen die meisten Einzelkinder als Vorteil ihrer Situation an. Haben es also die Einzelkinder besser, weil sie diese ständigen Auseinandersetzungen nicht ertragen müssen? Oder haben es die Geschwisterkinder besser, weil sie im Streit mit ihren Schwestern oder Brüdern lernen, mit Konflikten umzugehen? Ich denke, auch hier trifft wieder von Kürthys Sowohl-als-Auch zu. Einzelkinder haben keine Geschwister zum Streiten, was hier und da sicherlich sehr angenehm ist. Das heißt aber noch lange nicht, daß sie niemanden zum Streiten haben. Zunächst haben sie wie alle Kinder ihre Eltern als Streitpartner. Auch in den Auseinandersetzungen mit ihnen können sie im Laufe der Zeit lernen, ihre eigenen Grenzen zu erkennen, den richtigen Ton zu treffen, Konflikte zu lösen. Sie können überdies bei ihren Eltern abschauen, wie sie untereinander mit Problemen umgehen. »Dürfen Eltern sich nicht streiten?« fragt die Journalistin Dorothea Kammerer in ihrem Buch über Geschwisterkinder. »Ganz im Gegenteil! Es ist für die Kinder und ihre Beziehung zueinander sogar ausgesprochen wichtig, zu erleben, daß Vater und Mutter auch Konflikte miteinander haben, und daß sie diese austragen. Wenn die Eltern eine ›Streitkultur‹ haben, das heißt in ihren Auseinandersetzungen nicht verletzend werden und sich dananach versöhnen können, geben sie den Kindern ein gutes Vorbild«.[35]

Außerhalb des Hauses finden Einzelkinder weitere Streitgefährten – die Kinder in der Spielgruppe, die Nachbarskinder, die Kindergarten- und SchulgefährtInnen. Oft wird behauptet, Einzelkinder könnten sich vor Auseinandersetzungen leichter drücken als Geschwisterkinder, indem sie einfach nach Haus gehen und die Tür hinter sich zumachen. Das mag ab und an der Fall sein. Doch es gibt genügend andere Situationen, in denen ihnen dieser Fluchtweg nicht offensteht: auf dem Pausenhof in der Schule, im Kindergarten, oder wenn Freunde der Eltern mit ihren Kindern zu Besuch sind. Zudem meine ich, daß Eltern hier auch regulierend eingreifen können. Meine Freundin Elke, ebenfalls Mutter eines Einzelkindes, der vierjährigen Mareike, erzählte mir neulich von folgender Situation: »Mareike kam heulend und wütend nach Hause. Sie war bei unseren Nachbarn gewesen und hatte dort eine ganze Weile mit den Kindern gespielt. Irgendwann war es im Verlaufe des Spiels zu einem Streit gekommen. Es ging dabei um eine Sandschaufel, die jedes Kind im gleichen Augenblick haben wollte. Keiner wollte nachgeben, alle rangen um die Schaufel, irgendjemand fing an, mit Sand zu schmeißen. Mareike ist dann weggegangen, kam nach Hause und sagte mir, daß sie nicht mehr mit den anderen Kindern spielen wolle, weil die immer streiten würden.«

Hätte die Mutter gesagt: »Na, dann bleibst du eben jetzt hier, wenn Ihr Euch drüben nicht vertragen könnt«, hätte sie ihre Tochter darin bestätigt, daß es richtig ist, bei einem Streit das Weite zu suchen. Der Konflikt um die Sandschaufel wäre damit nicht gelöst worden. Das Kind wäre ihm lediglich aus dem Weg gegangen. Unklug wäre es auch, in einem solchen Fall zu sagen: »Du hast doch selbst so eine hübsche Schaufel. Nimm die doch mit rüber, dann hast du eine eigene und mußt nicht mit den Kindern um die andere streiten«. Durch dieses Eingreifen der Mutter hätte das Kind nicht gelernt, wie es sich mit anderen Kindern auseinandersetzen kann. Die Mutter hätte ihm eine fertige Lösung präsentiert – ihre Lösung, keine, auf die das Kind selbst gekommen ist. Fraglich ist außerdem, ob Mareike sie überhaupt akzeptiert hätte. »Ich halte es in einem solchen Fall für das beste, das Kind zu ermutigen, es noch einmal mit den anderen Kindern zu versuchen«, schlägt die Münchner Sozialpädagogin Annette Unterer vor. »Ich würde Mareike Mut machen, daß sie bestimmt alle miteinander in der Lage sind, sich wegen der Schaufel zu einigen. Und ich würde ihr noch sagen, daß ein kleiner Streit immer wieder mal vorkommt, und daß das auch wieder vorbeigeht. Wenn sie dann immer noch zu Hause bleiben will, kann sie das tun. Aber sie sollte aus ihrer Flucht vor dem Streit nicht doch noch als Gewinnerin hervorgehen, indem Mutter oder Vater alles stehen und liegen lassen, um mit ihr zu spielen oder andere schöne Sachen zu machen. Sie soll ruhig spüren, daß ihr die Vermeidung der Auseinandersetzung auch nicht viel gebracht hat: daß sie jetzt allein ist, während die anderen drüben sich vielleicht längst wieder vertragen haben und wieder zusammenspielen.«

Streiten üben ist wichtig, um mit Konfliktsituationen im Leben fertig zu werden. Solange der Streit verbal abläuft, und bei Raufereien nicht wirklich eine ernsthafte Verletzungsgefahr für eines des Kinder besteht, sollten sich die Eltern – auch wenn's schwerfällt – heraushalten. Mein Sohn war in seinem letzten Kindergartenjahr ein ziemlicher Raufbold. Ich litt jedesmal Tantalusqualen, wenn ich miterleben mußte, daß er seine Kräche mit Händen und Füßen austrug und ihn und mich die bösen Blicke anderer Mütter trafen. Immer konnte ich das nicht aushalten, vor allem, wenn meine – scheinbar – unbeteiligte Haltung offene Kritik hervorrief: »Also, da sollten Sie jetzt aber schon mal eingreifen, wenn Ihr Sohn meine Tochter haut! Sie können doch nicht einfach dabei zusehen und nichts tun.« Also tat ich 'was – und ärgerte mich anschließend über mich selbst.

Dr. Rudolf Dreikurs, der Autor des hervorragenden Buches »Kinder fordern uns heraus« (siehe Literaturliste im Anhang) meint zu diesem Thema: »Immer, wenn Eltern sich in einen Kampf einmischen, berauben sie die Kinder der Gelegenheit zu lernen, ihre Konflikte selbst zu lösen. Wir alle erleben Situationen, in denen es Auseinandersetzungen gibt, und wir alle müssen die Fertigkeit entwickeln, mit Konfliktsituationen fertig zu werden ... Kinder, die auf sich selbst angewiesen sind, schaffen eine viel gleichwertigere und gerechtere Beziehung unter sich, als wir es je ihnen aufdrängen können. Durch den Einfluß der Wirklichkeit lernen sie Diplomatie, Gleichberechtigung, faires Spiel, Gerechtigkeit, Rücksicht und Achtung voreinander zu entwickeln. Wir können dazu am besten helfen, indem wir uns von einer solchen Situation zurückziehen und ihnen Platz lassen.«[36] Wenn alle Eltern so dächten, hätten es diejenigen, die diesen Standpunkt teilen, leichter ...

○ Eltern von Einzelkindern sollten ihr Kind *nicht* dabei unterstützen, sich vor Streitereien mit anderen Kindern zu drükken. Im Gegenteil: Sie sollen ihr Kind ermutigen, sich einer Auseinandersetzung zu stellen und seinen Weg zu finden, damit umzugehen.

Übrigens sind es keineswegs nur Einzelkinder, die bei Streitereien den Weg des geringsten Widerstandes gehen und sich verabschieden. Wir hatten auch schon Geschwisterkinder zu Besuch, die es vorzogen nach Hause zu gehen. Oder eine andere Variante: »Wenn du nicht aufhörst zu streiten, gehe ich nach Hause.« Ich versuche in solchen Fällen, nicht den Streit zu schlichten, sondern die Streithansln bei der Stange zu halten, damit sie selbst versuchen, ihr Problem zu lösen. Diesen »Luxus«, einen Streit zu fördern, anstatt froh zu sein, wenn einer der Kontrahenten von selbst das Feld räumt, kann ich mir als Einzelkindmutter erlauben, weil ich nicht regelmäßig von streitenden Kindern umgeben bin und meine Nerven diesbezüglich weniger strapaziert sind als die einer Mutter oder eines Vaters von mehreren Kindern. Diesen Vorteil kann ich an mein Kind weitergeben, indem ich ihm dabei helfe, Streitereien nicht aus dem Wege zu gehen, sondern sich ihnen zu stellen. Der angebliche Nachteil eines Einzelkindes, im Streit mit den Geschwistern nicht seine Konfliktfähigkeit erproben zu können, kann durch ein solch unterstützendes Verhalten der Eltern abgemildert werden.

Gute Hinweise für Eltern, wie sie sich im »Streitfalle« verhalten können, in welchen Fällen es sinnvoll sein kann, sich einzumischen, wann es besser ist, die Kinder selbständig ihre Konflikte lösen zu lassen, finden sich u. a. in den Büchern von Adele Faber und Elaine Mazlish: »Hilfe, meine Kinder streiten!« und von Carol und Jeffrey Rubin: »Warum Familien streiten müssen« (siehe Literaturliste im Anhang).

Auch Dorothea Kammerer gibt in ihrem Buch »Geschwister. Welche Konflikte zwischen ihnen bestehen und wie Eltern damit umgehen können« viele Ideen und Tips, die für den konstruktiven Umgang mit Streit auch für Einzelkinder und deren SpielgefährtInnen zutreffen.

---

### Wenn Streit in der Luft liegt…

In dem Kapitel »Nervtöter Streit« schreibt Dorothea Kammerer: »Es gibt viele Möglichkeiten, etwas ›Entspannungspolitik‹ zu betreiben:

* Man kann eine Beschäftigung anregen, die alle mitmachen können, und die die volle Konzentration erfordert, beispielsweise Malen oder Basteln ...
* Noch eine Möglichkeit, die auch schon für sehr kleine Kinder geeignet ist: Tanzen. Zu Musikkassetten mit flott intonierten Kinderliedern oder auch anderer rhythmischer Musik tanzt jeder so, wie er kann. Wenn Mutter und Vater mitmachen, ist es besonders lustig ...
* Kinder sind zu bestimmten Tageszeiten müde und hungrig und deshalb besonders leicht reizbar. Zu diesen Zeiten ist die Hausfrau / der Hausmann meistens gerade mit dem Zubereiten der Mahlzeit beschäftigt, kann also jetzt auch keine Spielangebote machen. Hilfreich kann in diesen Situationen eine kleine ›Vorspeise‹ sein, etwa ein Glas Milch, eine Banane, ein Apfel, ein paar Nüsse etc. Das verdirbt nicht den Appetit – und wenn doch, dann ist das auch keine Katastrophe –, hellt aber meistens die Stimmung etwas auf.
* Wenn es nicht der Hunger ist, hilft vielleicht dieses Spielangebot: Man stellt den Puppenherd nebst Kochgeschirr in die Küche, Zeitungspapier drunter, und dann bekommt jedes Kind ein Döschen mit ausrangierten Gewürzen in die Hand und kann loslegen.
* Kinder sollten täglich einmal ins Freie gehen. Auch der Mutter tut es gut, wenn sie einmal etwas anderes als ihre vier Wände sieht ...
* Körperliche Gewalt sollte man nicht generell verbieten. Kinder können ihre Aggressionen noch nicht anders ausdrücken. Besser: Regeln aufstellen, um große Schmerzen und Verletzungen zu vermeiden.
* Kinder brauchen keine Versöhnungszeremonien. Sie vergessen ganz einfach.
* ›Ein Streit pro Tag hält den Psychiater fern!‹ Ein gesundes Kind unterdrückt seine Rivalitätsgefühle nicht und soll sie auch nicht unterdrücken.«

## Einsam, wenn die Eltern streiten?

Nicht nur Kinder (sollen) streiten, Eltern auch. In beiden Fällen kommt es auf das Wie an. Es nützt nichts, Probleme unter den Teppich zu kehren. Der Berg wird irgendwann so groß, daß er nur um so schwieriger zu beseitigen ist. *Chronische* Konfliktsituationen zwischen den beiden Partnern sind in jeder Familie übel und wirken sich immer negativ auf die Kinder aus. Wenn Eltern an sich und ihrer Beziehung arbeiten, leisten sie damit indirekt also auch einen guten »Erziehungsbeitrag«. »Kinder machen keine Schwierigkeiten, Kinder haben Schwierigkeiten«, ist ein grundlegender Satz des Individualpsychologen Alfred Adlers. In guten Erziehungsberatungsstellen oder auch in der Familientherapie werden deshalb auch nicht die Kinder »behandelt«, sondern gemeinsam mit den Eltern das gesamte Familienklima unter die Lupe genommen, über Probleme zwischen den Erwachsenen gesprochen und versucht, für sie Lösungswege zu finden. Denn hier sind oft die Wurzeln für Auffälligkeiten beim Kind bis hin zu Bettnässen, Stottern, extreme Aufsässigkeit oder ähnliches zu finden.

All dies trifft für sämtliche Familientypen zu und ist keine Besonderheit der Ein-Kind-Familie. Für Eltern von Einzelkindern gilt vor allem wieder, eine Sensibilität dafür zu entwikkeln, daß Probleme, die sie miteinander haben, auf ihr Einzelkind besonders stark durchschlagen können. Es steht ihnen nämlich allein gegenüber, ohne Geschwister, die sich gegenseitig Trost spenden können; mit denen es, wenn es schon älter ist, über die angespannte Situation reden kann; mit denen es sich solidarisieren kann; mit denen es gemeinsam über die Eltern schimpfen, d. h. Dampf ablassen kann. Thomas von Kürthy sagt: »Probleme, die die Eltern *miteinander* haben, schlagen auf ein *Einzelkind* unmittelbar durch.«

○ Einzelkindeltern sollten sich ganz besonders in die Pflicht nehmen, ihre Beziehung zueinander in Ordnung zu bringen. Wenn ihnen das allein nicht gelingt, sollten sie frühzeitig die fachliche Hilfe von Therapeutinnen und Therapeuten in Beratungsstellen oder Praxen in Anspruch zu nehmen.

Es ist aber nicht immer möglich, Konflikte zwischen den Partnern zu lösen. Die Scheidungsrate von 30 Prozent spricht davon Bände. Familien mit einem Kind werden am häufigsten geschieden. Das ist leicht zu verstehen: Mit einem Kind scheint das Wagnis, den festen Rahmen der Familie zu verlassen, geringer. Es sind überwiegend Frauen, die die Scheidung einreichen. Da sie oft in der schlechteren finanziellen Position sind als ihre Ehemänner, nehmen sie mit einem Kind ein kleineres Risiko auf sich, als wenn sie für zwei und mehr Kinder zu sorgen hätten.

In vielen Untersuchungen wird darauf verwiesen, daß gerade Einzelkinder in der sogenannten »broken home situation« (in der zerbrochenen Familie) benachteiligt sind. Es heißt, sie seien besonderen Risiken ausgesetzt.

Wenn sich die Eltern trennen, bleibt das Einzelkind in der Regel bei einem Elternteil, meistens der Mutter. Jetzt können Geschwister sicherlich von Vorteil sein, weil sie sich in dieser Krise gegenseitig unterstützen können. Der Verlust des anderen Elternteils kann abgemildert werden, weil in der »Restfamilie« mehr Personen übriggeblieben sind. Gemeinsam mit dem Elternteil, bei dem die Geschwister leben, bilden sie füreinander einen Rahmen der Sicherheit. Es ist »nur« eine(r) gegangen, die anderen bleiben zusammen. In der Dreier-Konstellation der Einzelkindfamilie macht sich der Weggang von einer Person sehr viel deutlicher bemerkbar. Außer dem verbleibenden Elternteil ist zunächst niemand mehr von der eigentlichen Familie übriggeblieben. Das Einzelkind hat innerhalb der Familie keine PartnerInnen auf der Kinderebene. Anders als bei spontanen Krächen zwischen den Eltern ist es dem Kind vielleicht nur schwer möglich, diese tiefgehende Krise mit FreundInnen zu besprechen.

Verschiedene Studien über Verhaltens- und Persönlichkeitsstörungen bei Kindern und Jugendlichen zeigen, daß das Kind gerade in der Zeit, die unmittelbar auf die Trennung der Eltern folgt, sich immer wieder rückversichern muß, daß der getrennt lebende Elternteil es nicht verlassen hat. »Für das Kind stellt die Scheidung der Eltern einen schmerzhaften Einbruch in seine bisherige Lebenswelt dar«, sagt Anneke Napp-Peters, die eine Untersuchung über die Situation der

Familie nach der Scheidung durchgeführt hat. »Läßt man zu, daß es sich in dieser Zeit von dem getrennt lebenden Elternteil im Stich gelassen fühlt, kann dies zu einer psychischen Distanz zwischen beiden führen, die sich auf die künftigen Kontakte entfremdend auswirkt ... Vielen Eltern ist nicht bewußt, daß die Qualität der Beziehung des Kindes zu beiden Eltern ein entscheidender Faktor dafür ist, wie das Kind die Scheidung seiner Eltern und die Reorganisation der Familienbeziehungen in der Nachscheidungssituation bewältigt... Die Ergebnisse unserer Untersuchung belegen, daß Kinder die Scheidung ihrer Eltern eher ohne Störung verarbeiten und sich besser und schneller an die Nachscheidungssituation anpassen, wenn ihnen die Beziehung zum nichtsorgeberechtigten Elternteil erhalten bleibt... Dagegen sind bei Kindern, die den Kontakt zum getrennt lebenden Elternteil verloren haben, Verhaltensauffälligkeiten und psychosoziale Störungen am stärksten ausgeprägt.«[37]

Die wichtigste Aufgabe für geschiedene Eltern sei deshalb die Trennung der Partnerebene von der Elternebene und die Entwicklung neuer Verhaltens- und Bewertungsmuster, die ihnen ihre Zusammenarbeit auf der Elternebene ermöglichen. Das ist sicherlich nicht immer möglich. Wenn wir beispielsweise an die überbelegten Häuser für geschlagene Frauen, an die Diskussion über Vergewaltigung in der Ehe oder auch an die Fälle von sexuellem Mißbrauch von Mädchen durch Väter denken, wird klar, daß in vielen Fällen die Beziehung zwischen den Ehepartnern irreparabel ist und auch nicht auf einer anderen Ebene weitergeführt werden kann.

In anderen Partnerschaften könnte es aber machbar sein, die Beziehung zwischen den Erwachsenen so zu verändern, daß wenigstens eine Zusammenarbeit auf der Elternebene sichergestellt ist. Dazu gehören nicht nur regelmäßige und großzügig bemessene Besuchszeiten, sondern auch die innere Einstellung beider Elternteile, daß es wichtig und richtig ist, wenn *beide* aktiv am Leben ihres Kindes teilnehmen und sich für dessen Bedürfnisse gemeinsam verantwortlich fühlen. Anneke Napp-Peters sprach mit vielen Eltern, denen erst einige Zeit nach der Scheidung klar geworden ist, wie sehr ihre Kinder unter dem Verlust des anderen Elternteils litten.

Als sie nicht mehr ständig von ihren eigenen Problemen in Anspruch genommen waren und wieder stärker auf die Bedürfnisse ihre Kinder eingehen konnten, mußten sie aber feststellen, daß der Kontakt schon zu sehr unterbrochen und es zu spät geworden war, die unterbrochenen Familienbeziehungen wieder anzuknüpfen. »Einige Eltern, mit denen wir gesprochen haben, bedauerten sehr, daß damals niemand da war, der ihnen erklärt hätte, warum gerade Scheidungskinder intensive Kontakte zu beiden Eltern brauchen. Ihre mangelnde Bereitschaft, mit dem geschiedenen Partner nach der Trennung weiterhin Kontakt zu halten, fand nicht nur Verständnis bei Familienangehörigen und Freunden, sondern wurde auch von Anwälten, Lehrern und Ärzten unterstützt, bei denen sie sich Rat geholt hatten. Viele dieser Ratgeber waren der Meinung, daß eine vollkommene Trennung auch für die Kinder das beste wäre, eine ›klare Lösung‹«.[38]

Eine Ehe kann beendet werden, die Elternschaft aber nicht. »Ehe geschieden, Familie intakt« ist nach Ansicht von Anneke Napp-Peters das Motto, das für alle, die an einer Scheidung beteiligt sind, keinen Widerspruch darstellen, sondern das wichtigste Orientierungsprinzip sein sollte. Ein Kind, das bei einem Elternteil lebt und bei dem anderen ein zweites Zuhause hat, wird mit weniger Blessuren aus der gescheiterten Ehe seiner Eltern hervorgehen. Niemand sollte sich scheuen, die professionelle Hilfe von Elternberatungsstellen in Anspruch zu nehmen, um dem Kind diesen Weg zu ermöglichen!

Manche Kinder neigen dazu, sich selbst die Schuld für die Scheidung der Eltern zu geben. Gerade kleinere Kinder sind davon überzeugt, daß die Eltern sich getrennt haben, weil sie selbst ungezogen waren. Sie sehen ihre eigene Person noch als Mittelpunkt allen Geschehens an. Die Trennung der Eltern wird als Trennung von ihrer eigenen Person erlebt. Geschwisterkinder können diese Last womöglich auf mehrere Schultern verteilen. Einzelkinder geraten eher in Versuchung, die vermeintliche Schuld bei sich allein zu suchen. Es hilft wenig, dem Kind durch Worte klarzumachen, daß die Trennung nichts mit ihm zu tun hat. Auch hier ist die beste Hilfe für das Kind, wenn es sich durch den guten Kontakt zu beiden Elternteilen ihrer beider Liebe versichern kann.

Zu einer Entschärfung der Situation tragen Geschwister vielleicht auch bei, wenn der verbleibende Elternteil noch am Ärger über den anderen Partner zu knabbern hat; sie oder er die Enttäuschung über die gescheiterte Beziehung noch nicht verwinden konnte; negative Gefühle dem Partner/der Partnerin gegenüber in eines der Kinder projiziert oder sie sogar zu Bundesgenossen bei Kampfspielen gegen den anderen oder die andere verwendet. Eine solche Situation ist für jedes Kind ungut. Das Einzelkind ist ihr allein ausgeliefert. Kinder sind weder ein Ersatz für den fehlenden Partner/die fehlende Partnerin noch für eine Vertrauensperson, mit der die Beziehungsprobleme besprochen werden können. Das sollte Verwandten oder FreundInnen vorbehalten sein. Bei ihnen, nicht beim Kind, kann Enttäuschung, Wut, Trauer, Schmerz, Zorn ausgelebt und bearbeitet werden.

Wenn die Besuchsregelung nach der Trennung sehr eng ist, und das Kind nur selten den nicht mehr in der Familie lebenden Elternteil treffen kann, fehlt unter Umständen die notwendige andersgeschlechtliche Bezugsperson. Mädchen, die bei der Mutter bleiben, haben zwar das weibliche Vorbild. Sie sehen ihre Mutter in verschiedenen Rollen (als berufstätige Frau, als Mutter, als Hausfrau etc.) und können sich daran orientieren. Ihnen fehlt aber der männliche Part, bei dem sie den Umgang mit dem anderen Geschlecht in einer intimen Umgebung wie der Familie üben können. Schwierig wird es für Jungen, die bei ihrer Mutter bleiben, wenn ihnen zunächst keine männliche Bezugsperson im Alltag gegenübersteht. Manche WissenschaftlerInnen glauben, daß der Mangel an männlichen Leitbildern die Gefahr einer zu engen Bindung an die Mutter birgt und das Selbstwertgefühl des Jungen schwächen kann. Wenn noch ein Bruder (für die Mädchen) oder eine Schwester (für die Jungen) in der Familie lebt, sind auch diese Probleme weniger kraß.

Die Intensivierung der Kontakte zu anderen Menschen im Verwandtschafts- und Freundeskreis ist deshalb für die neue, kleiner gewordene Familie besonders wichtig. Hier können die Kinder andere Rollenvorbilder finden, hier können die Mütter oder die Väter Unterstützung für ihren neuen Lebensweg erhalten.

Ein anderer »Knackpunkt« kann das schlechte Gewissen geschiedener Eltern ihrem Kind gegenüber sein. Sie fühlen sich schuldbewußt, weil sie ihrem Kind die Trennung der Familie zumuten. Leicht geraten sie in die Versuchung, ihm alle möglichen Vorteile zu bieten, um den großen Nachteil der Scheidung wieder auszugleichen. Nur: Eine Tüte Bonbons, ein Spielzeug oder ein »Ja«, wo man eigentlich lieber »Nein« sagen würde, können zwar das schlechte Gewissen der Eltern kurzzeitig übertünchen, aber keine »heile« Familie wiederauferstehen lassen. »Eltern, die unfähig sind, ›nein‹ zu sagen und ihrem Kind Grenzen zu weisen, zeigen einen Mangel an Achtung vor sich selbst, aber auch an tatsächlichem Interesse am Wohl des Kindes. Lernt ein Kind nicht, mit Beschränkungen fertig zu werden, dann wird es selbstsüchtig und unfähig, das Beste aus seinem Leben zu machen, sich zu arrangieren,« sagt Thomas von Kürthy.[39] Alleinerziehende mit mehreren Kindern können sich eine solche Haltung nur schlecht leisten. Mehreren Kindern »alles« zu erlauben, »alles« zu kaufen oder zu bieten, ist schlichtweg unmöglich. Wenn nur ein Kind da ist, läßt sich das schon leichter realisieren. Mütter und Väter von Einzelkindern müssen deshalb besonders auf der Hut sein, daß sie ihrem Kind trotz ihres eigenen schlechten Gewissens auch weiterhin die Grenzen aufzeigen, die vorher auch schon gegolten haben.

Der erste Schritt ist immer, sich die speziellen Gefahrenpunkte für ein Einzelkind bewußt zu machen. Dann besteht die Möglichkeit, etwas dagegen zu unternehmen. Die Situation als solche müssen geschiedene Eltern nehmen, wie sie ist. Die Scheidung haben sie gewollt, sie ist vollzogen, jetzt müssen sie zusehen, wie sie für sich und ihr Kind das Beste daraus machen. Und dieses Beste ist sicherlich in den meisten Fällen besser, als in einer Familie zu leben, in der das Familienklima vergiftet ist, die Eheleute sich aber nicht zu einer Trennung entschließen können!

Scheidungen werden immer »normaler«. Hierin kann durchaus auch eine Chance für geschiedene Eltern und ihre Kinder liegen. Die Ehe wird heute von vielen Menschen nicht mehr als Bund fürs ganze Leben gesehen, der auch dann aufrecht erhalten werden muß, wenn dabei die Lebensqualität aller Beteiligten verloren gehen sollte. Wenn die Konflikte so tief sind, daß sie nicht mehr gelöst werden können, wird dieser Bund aufgelöst. Diese Einstellung ist immer häufiger anzutreffen. Ich selbst und viele andere gingen (und gehen) auch mit ihr zum Traualtar. Die Soziologin Ulrike Martiny schreibt dazu: »Paare haben damit heute zunehmend die Möglichkeit, eine fällige Trennung nicht (nur) als Scheitern und als Katastrophe zu erleben und zu interpretieren, sondern (auch) als notwendige Statuspassage, anderen tiefgreifenden Lebensereignissen (Heirat, Geburten, Todesfällen, Berufswechseln, Umzügen) vergleichbar, nach denen ebenfalls Neudefinitionen und Konsolidierungsprozesse anstehen. Eine Folge dieser Sicht kann sein, daß eine Scheidung das Selbstwertgefühl der sich Trennenden heutzutage weniger tief beschädigt, als dies noch während der 60er Jahre der Fall war. Zunehmend werden Geschiedene und Wiederverheiratete in ihrer sozialen Umgebung akzeptiert. Scheidung ist ›leichter‹ geworden.«[40] Was nicht bedeutet, daß keine Verletzungen zurückbleiben, keine Hoffnungen enttäuscht werden, keine Selbstzweifel entstehen. Doch womöglich liegt in der zunehmenden Normalität auch die Chance, die negativen Auswirkungen geringer zu halten. Denn das Schlimmste ist ja oft nicht die Scheidung als solche, sondern die Zerrüttung – mit all ihren üblen Folgen – vorher und vor allem auch hinterher.

---

### Was Mutter und Vater nach der Scheidung ihrem Einzelkind zuliebe tun können

* Dem Kind den getrennt lebenden Elternteil nach Möglichkeit als wichtige Bezugsperson erhalten. Versuchen, die Partnerebene von der Elternebene zu trennen.
* Das Kind nicht als Bundesgenossen für Kämpfe mit dem Partner benützen. Es ist damit überfordert und gerät in schwere Loyalitätskonflikte.
* Trennungsprobleme nicht mit dem Kind ausdikutieren. Es ist kein Ersatz für eine erwachsene Vertrauensperson.

* Für Außenkontakte offen sein. Jungen, die bei ihrer Mutter leben und Mädchen, die bei dem Vater leben, können durch eine Bezugsperson des anderen Geschlechtes (Verwandte oder gute FreundInnen) Leitbilder finden.
* Das Kind nicht aus einem schlechten Gewissen heraus verwöhnen, verzärteln, überbehüten.

## Nicht teilen können?

Viele der Geschwisterkinder, die ich nach den Vor- und Nachteilen ihrer Situation gefragt habe, gaben als Nachteil an, daß sie so oft mit ihren Geschwistern teilen müßten. Die zehnjährige *Simone,* die noch einen siebenjährigen Bruder und eine dreijährige Schwester zu Hause hat, schreibt: »Der Nachteil an Geschwistern ist, daß wir manchmal streiten und wir alles teilen müssen und neidisch sind, wenn der andere mehr bekommt«.

*Jenny* findet es nicht gut, daß sie mit ihrem Bruder auch das teilen muß, was sie selber ganz für sich behalten möchte.
*Erani* empfindet es als Nachteil, daß »man sich immer um Sachen streiten muß, die man haben will«.
*Andrea* sagt: »Man wird benachteiligt und kann nie was alleine haben.«

Die Einzelkinder erkannten analog dazu den Vorteil ihrer Situation.

*Conny* meint: »Ich finde es gut, daß ich keine Geschwister habe, weil ich sonst immer alles teilen müßte. Und wir hätten immer Streit um Spielsachen.«

Und auch *Manuela* sieht es als Nachteil von Geschwistern an, »daß man mit ihnen alles teilen muß«.

Aber – so höre ich schon die Einwände: ein Kind muß doch teilen lernen. Sicher. Doch, so glaube ich, kommt es auch hier auf das Was und Wann an.

Zunächst einmal: Einzelkinder haben natürlich ebenfalls die Möglichkeit, teilen zu lernen. Wie oben schon beim Thema Streiten beschrieben, ist es gut, wenn Einzelkindeltern verstärkt darauf achten, daß ihr Kind Übung darin bekommt. Bei

Geschwisterkindern ist das Teilen meistens ein Muß, das sich ganz von selbst aus der Situation ergibt. Wenn die Mutter eine Melone vom Einkaufen mitgebracht hat, wenn ein Kuchen auf dem Tisch steht, muß durch alle gerecht geteilt werden. Wenn ein Federballspiel im Haus ist, aber vier Kinder damit spielen wollen, müssen sie sich einigen, wer wann damit spielen kann. Wenn die Nachbarin den zwei Kindern der Familie eine Tafel Schokolade schenkt, müssen sie sich das Geschenk teilen. Das Einzelkind kann sie für sich allein behalten.

Doch jedes Einzelkind gerät ebenfalls oft genug in die Situation, teilen zu müssen: wenn es mit seinen Spielgefährten zusammen ist. Hier kann es das Geben und Nehmen mit anderen Kindern üben. Muß es sogar, denn die anderen Kinder werden ihre Rechte schon fordern.

Aber auch die Eltern selbst können »Teil-Haber« sein. Wir kaufen unsere Lebensmittel immer in einem kleinen Laden ein, in dem es noch zur üblichen Geschäftspraxis gehört, bei jedem Einkauf einen »Rabatt« in Form von einem Schokoriegel, einem Lutscher oder einer ganzen Tafel Schokolade zu geben. Wenn ich gemeinsam mit meinem Sohn dorthin gehe und wir etwas geschenkt bekommen, teilen wir es uns: den Lutscher für ihn, den Schokoriegel für mich – kein Problem. Wenn wir aber mal nur ein Teil bekommen, müssen wir schon darüber reden, wie wir's machen. Heute du, morgen ich oder halbe-halbe? Ich esse schließlich auch gern Schokoriegel und sehe es nicht ein, darauf zu verzichten. Außerdem weiß ich, daß ich meinem Kind nichts Gutes damit antäte, ihm immer alles freiwillig zu überlassen. So kann er auch bei mir das Teilen lernen.

Sowohl Jonas als auch ich essen abends manchmal lieber die aufgewärmten Reste vom Mittagessen als ein belegtes Brot. Auch hier wird geteilt. Ausnahme: Wenn ich wirklich einmal kein Interesse daran habe. Dann überlasse ich ihm alles. Wie Kinder untereinander es übrigens auch tun. Es ist ja nicht so, daß sie immer von allem etwas abhaben wollen. Auch sie haben ja ihre Vorlieben und Abneigungen und verzichten gern »großzügig« auf etwas, auf das sie im Moment keine Lust haben. Ich bestehe im Umgang mit Jonas nicht aus puren pädagogischen Gründen aufs Teilen mit mir. Das käme mir verlogen vor, und ich glaube, er würde das auch sehr schnell merken. Ich bestehe aufs Teilen, wenn ich wirklich etwas abhaben will und appelliere nicht an mich selbst als »Erwachsene«, daß ich es mir jetzt ja genauso gut verkneifen könnte.

Doch geteilt werden müssen nicht nur materielle Güter. Geschwisterkinder müssen sich auch die Aufmerksamkeit, die Zeit, die Zärtlichkeiten ihrer Eltern teilen. So wenig wie mir das als Nachteil erscheint, erscheint es mir als Nachteil, dies *nicht* tun zu müssen. Es gereicht mir schließlich auch nicht zum Nachteil, die Liebe meines Mannes, die er für mich als Ehefrau empfindet, mit keiner weiteren Ehefrau teilen zu müssen. In dem Maße, wie ich mir seiner Liebe sicher sein kann, bin ich frei, seine »anderen« Lieben zu seiner Mutter, seinen Geschwistern, seinen Freunden und Freundinnen zu akzeptieren und mich daran zu freuen. Auf das Kind bezogen bedeutet das: Wenn Jonas sich meiner ungeteilten Mutterliebe sicher ist, ist er frei, meine Liebe zu meinem Mann und zu anderen Menschen ohne Eifersucht zu akzeptieren. Und es macht ihn selbst frei für die Entwicklung seiner Persönlichkeit – hat er doch als Basis die »Hundert-Prozent« vom Kuchen der Liebe seiner Eltern mitbekommen.

Eltern mit einem Kind können ihrem Kind oft mehr bieten als Eltern mit mehreren Kindern – sowohl an materiellen Gütern als auch an immateriellen. Ob ich hundert oder zweihundert für einen Schwimmkurs, 200 oder 400 Mark für einen Skikurs, 250 oder 500 Mark für die dazugehörige Ausrüstung (um jetzt die Kosten für ein Einzelkind nur mal mit denen für zwei Kinder zu vergleichen) zu zahlen habe, macht für die meisten Haushaltskassen einen riesigen Unterschied. Natürlich schadet es keinem Kind, wenn es an solchen und ähnlichen Aktionen nicht teilnimmt. Ich möchte an dieser Stelle nur einmal betonen, daß die Einzelkind-Situation schließlich nicht nur Nachteile beinhaltet. Ich achte darauf, solche Extras für meinen Sohn zu dosieren, ihn nicht mit allen möglichen Angeboten zu überschütten und freue mich dann aber auch darüber, daß ich ihm hier und da spezielle Dinge ermöglichen kann. Beim doppelten (oder mehrfachen) Preis könnten wir uns das nicht leisten. Da wir Einzelkindeltern uns so viel anhören müssen über die Nachteile, die das Einzelkind-Dasein angeblich für unser Kind mit sich bringt, können wir uns zwischendurch ruhig einmal damit aufbauen, ganz bewußt die Vorteile anzuschauen und zu genießen.

Ein Kind studieren zu lassen, ist auch heute immer noch eine Frage des Geldes. Mit »Bafög« allein kommen zumindest die Studierenden in Großstädten bei den heutigen Mietpreisen nicht über die Runden. Bei einem Einzelkind ist es für Eltern mit durchschnittlichem Einkommen leichter möglich, jeden Monat einen Zuschuß zu leisten. Thomas von Kürthy weist darauf hin, daß in seiner ersten Untersuchung über Einzelkinder, die er mit Studierenden der Technischen Hochschule in Aachen durchführte, die weiblichen Einzelkinder deutlich überrepräsentiert waren. Das liegt zum einen sicherlich daran, daß die Eltern es sich bei einem Kind wie gesagt eher leisten können, es studieren zu lassen. Zum anderen könnte es sein, daß weibliche Einzelkinder von ihren Eltern mehr gefördert werden als Mädchen mit Geschwistern. Die Soziologin Elisabeth Beck-Gernsheim meint dazu: »Je kleiner die Kinderzahl, desto geringer ist die Wahrscheinlichkeit, daß das Mädchen – wie es in früheren Generationen oft genug war – zurückgesetzt wird gegenüber einem Bruder, dem Stammhalter, Erben und Namensträger. Wo ein Mädchen allein aufwächst, ist diese Gefahr der ›männlichen Konkurrenz‹ gebannt, es bekommt eher emotionale Zuneigung, eher auch materielle Möglichkeiten.«[41] Für die Mädchen scheint sich das Blatt zu wenden. Während sie früher gegenüber Brüdern oft benachteiligt wurden, werden sie insbesondere als Einzelkinder heute besonders stark gefördert.

Man kann natürlich alles übertreiben: dem einzigen Kind zu viel Aufmerksamkeit schenken, es mit Geld, Geschenken und Freizeit- oder Förderangeboten überschütten. Gerade Einzelkinder brauchen Freiraum, um ihre kindliche Phantasie, frei von elterlicher Förderung und »Logik« ausleben zu können. Sonst besteht leicht die Gefahr, daß sie »altklug« werden. Gerade Eltern mit nur einem einzigen Kind geraten leicht in die Gefahr, des Guten zuviel zu tun (siehe dazu das Kapitel »Unser ein und alles«, ab Seite 102). Die Journalistin Ewa Roßberg, die sich ebenfalls intensiv mit dem Thema Einzelkinder auseinandergesetzt hat, bringt es auf den Punkt: »Wenn Elternliebe kranke Wurzeln hat, sind auch Geschwister kein Heilmittel.«[42]

## Niemand da zum Spielen?

Als *der* große Vorteil von Geschwistern wird es angesehen, daß sie sozusagen Spielgefährten frei Haus füreinander darstellen. In diesem Punkt gelten Einzelkinder als benachteiligt. Das Vorurteil »Einzelkind – einsames Kind« hat hier seinen Ursprung. Und tatsächlich, alle von mir befragten Einzelkinder sahen es als größten Nachteil ihrer Situation an, daß sie wegen nicht vorhandener Geschwister oft keine Spielgefährten haben. Im Originaltext klingt das so:

»Der Nachteil daran, ein Einzelkind zu sein, ist, daß mir immer langweilig ist.« (*Conny* und *Andrea*, beide 10 Jahre)

». . . daß ich alleine spielen muß.« (*Tanja* und *Anne*, beide 10 Jahre)

». . . daß ich mich langweile, wenn meine Mutter lange weg ist und meine Freundin nicht da ist.« (*Barbara*, 10 Jahre)

». . . daß man daheim keinen zum Spielen hat und man meist allein ist.« (*Daniel*, 11 Jahre)

». . . daß man niemand hat, der mit einem spielt, wenn die Freunde keine Zeit haben.« (*Martin*, 10 Jahre)

Die zehnjährige *Manuela* schreibt: »Wenn man mal in Urlaub fährt und keine Freunde dabei hat und auch keine Freundschaft schließen kann, ist es einem öfters langweilig.«

Für die Geschwisterkinder ist die Frage der Spielgefährten ebenfalls sehr wichtig. Viele von ihnen nennen dies an erster Stelle, wenn sie nach den Vorteilen von Geschwistern gefragt werden.

*Jenny* findet es gut, daß sie einen Bruder hat, »weil er mit mir spielt, wenn ich nicht weiß, was ich machen soll. Und weil er manchmal so tolle Ideen hat und richtig lieb und nett sein kann.«

*Daniela* ist froh über ihre siebenjährige Schwester, »weil man immer einen Spielkameraden hat, und weil man nie allein ist.«

*Siegrun*, die einen zwei Jahre jüngeren Bruder hat, freut sich, daß sie keinen zum Spielen holen braucht und immer jemanden hat, mit dem sie zusammensein kann.

*Sabine* sagt über ihren sechs Jahre jüngeren Bruder: »Ich finde es gut, daß ich ihn habe, weil ich mit ihm spielen kann, weil ich mir von ihm bestimmte Sachen ausleihen kann, weil ich nicht alleine Fernsehen muß und weil ich mit ihm sprechen kann.«

Die elfjährige *Marika* sagt über ihre 15jährige Schwester: »Ich kann mit meiner Schwester spielen, baden gehen, ins Kino gehen, Fahrrad fahren. Und wenn ich alleine wäre, wär's mir langweilig.«

Geschwisterkinder haben ihre SpielgefährtInnen im Haus. Sie sind nicht gezwungen, Verabredungen zu treffen oder woanders hinzugehen, um andere Kinder zum Spielen zu finden. Das ist sicherlich ein Vorteil – auch für die Eltern, die auf diese Weise etwa am Wochenende ein Stündchen länger schlafen können: Zwei oder mehr Kinder können sich, vor allem, wenn sie noch jünger sind, eher miteinander beschäftigen, als es ein Kind mit sich allein kann. Einzelkinder dagegen müssen aktiv werden, wenn sie ein anderes Kind bei sich haben möchten, das ihnen Gesellschaft leistet. Ich finde, daß es aber möglich ist, hierin auch etwas Gutes zu sehen. Das Kind lernt – notgedrungen – von klein auf, auf andere Menschen zuzugehen, Kontakte zu knüpfen und Freundschaften zu pflegen – soziale Fähigkeiten, die ihm später als Erwachsenem nur zugute kommen können.

Natürlich gibt es manchmal Tage, an denen es ganz verflixt zugeht, und das Einzelkind allen Bemühungen zum Trotz niemanden zum Spielen findet. Während ich diese Zeilen schreibe, muß mein Sohn Jonas sich gerade mit einer solchen Situation herumplagen. Seine Freundin Julia ist mit ihren Eltern und ihren Geschwistern zur Großmutter gefahren. Unser Nachbarskind Maximilian ist mit seiner Mutter zum Einkaufen gegangen. Seine anderen Spielgefährten sind jetzt in den Sommerferien noch im Urlaub. Und die Mutti hat heute auch keine Zeit, weil sie dieses Kapitel, trotz prächtigen Badewetters, noch fertigschreiben muß. Eine Stunde hat Jonas im Liegestuhl im Garten gut herumgebracht. »Der kleine Wassermann«, ein wunderschönes Kinderbuch von Otfried Preussler, hat ihm dabei Gesellschaft geleistet. Doch nun wird ihm langsam langweilig, er quengelt herum, ich solle mit ihm zum Baden gehen, niemand sei da zum Spielen, ach, und überhaupt, dieses blöde Buch, das ich da schreiben würde.

(Dabei verfolgt er mit Interesse, was ich hier in den Computer tippe, vor allem, wenn es, wie in diesen Zeilen, um ihn geht.) Ich tröste mich in solchen Situationen damit, daß es niemandem schadet, auch mal langweilige Situationen zu durchleben. Die gehören zum Leben ebenso dazu wie spannende, ausgefüllte, turbulente oder ruhige. Sie können einen außerdem lehren, sich mit sich selbst zu beschäftigen und Zeiten, die man allein verbringt, nicht als vertane anzusehen. Obendrein weiß ich, daß das »Loch«, in dem Jonas jetzt ist, schon bald vorüber sein wird, weil in ein bis zwei Stunden Freund Maxi wieder da sein, mit ihm spielen und auch noch bei uns übernachten wird. Außerdem haben nicht nur Einzelkinder ein Abonnement auf Langeweile. Geschwisterkinder spielen auch nicht ausschließlich miteinander. Da kann es genauso passieren, daß die Schwester bei ihrer Freundin ist, die Nachbarskinder oder SchulgefährtInnen ebenfalls etwas anderes vorhaben und der kleine oder große Bruder mal niemanden zum Spielen hat. Es kommt wahrscheinlich nur seltener vor. Oft sind Einzelkinder auch besser im Ausdenken von Spielen – einfach weil sie Übung darin haben; es ist ja meist kein anderer da, der einen auf Ideen bringt.

Eltern von Einzelkindern können ihrem Kind dabei helfen, Spielgefährten zu finden und sie sollten sich darum bemühen, denn es ist so wichtig, welche zu haben.

# Spielgefährten für mein Kind

Wenn ich ein Spiel nicht mochte, dann war es »Auto-Spielen«. Ich durfte mir großzügigerweise zwar immer mein Traum-Auto aus der großen Spielekiste selbst aussuchen. Aber dann mit »Brumm-Brumm«, »Tüt-Tüt« und »Krach-Womm« die nächste halbe Stunde kriechend auf dem Kinderzimmerboden zu verbringen, war selten mein Fall. Wohl allen Eltern, die zwei Kinder mit gleichen Interessen und geringem Altersabstand haben! Ihnen dürfte so etwas wohl (manchmal) erspart bleiben! Weniger beliebt war bei mir auch das »Tierpark-Spiel«. Im Imitieren von Tierstimmen war ich noch nie sonderlich gut und meine etwas anders geartete Erwachsenen-Phantasie konnte mit Jonas' Bären-, Krokodil- und Hundeabenteuern auch selten mithalten. Eine innere Stimme mahnte mich beharrlich, daß eine gute Mutter mit ihrem Kind spielen müsse, daß vor allem freie Spiele die Kreativität und die Phantasie fördern würden, und daß ich dieses Opfer bitte schön nicht als Opfer sondern als lustbringendes Unternehmen anzusehen hätte. Pustekuchen. Mir hat es aber keinen Spaß gemacht. Und so ließ ich mich immer aufs höchste erleichtert vom nächstbesten Kind, das an unserer Haustür klingelte, ablösen. Vom Wohnzimmer aus konnte ich dann hören, wie Autos und Tierpark »richtig« gespielt werden. Die Reifen quietschten, die Hupen dröhnten, die Unfälle häuften sich und die Bären klangen nicht wie Bären, dafür konnte man sie aber im nächsten Wald noch hören. Meine verkrampften Bemühungen um ein kreatives freies Spiel wirkten doch äußerst blaß gegen das lebhafte, fröhliche Spiel der beiden Kinder.

## Kinder brauchen Kinder

Erwachsene können für ihre Kinder gute Spielgefährten sein. Sie können ihnen aber nicht die kindlichen Spielgefährten ersetzen. Ob Puppen, Fußball, Bauklötze oder Bauernhof, ein

Spiel zwischen den Eltern und ihrem Kind wird immer anders aussehen als ein Spiel von zwei oder mehreren Kindern miteinander. Eltern sind keine Kinder mehr. Sie sind Erwachsene, die eine Vielzahl von Regeln, Zielen und Normen in ihrem Hinterkopf haben, die sie auch beim Spielen nicht wegwischen können. Erwachsene mögen nach wie vor phantasievoll sein, doch sieht ihre Phantasie anders aus als die von Kindern. Die wenigsten Erwachsenen können sich von Herzen darüber freuen, wenn sie drei Bauklötze aufeinandergestapelt haben. Für ein kleines Kind ist das das Höchste. Die wenigsten Erwachsenen können vorbehaltlos in einem Spiel mit einer Wäscheklammer und einem Kopfkissen aufgehen, bei dem die Klammer das Schiff und das Kopfkissen die Insel ist, »auf der gerade Golf-Krieg ist«. Für zwei Siebenjährige im Herbst 1991 ist das gar kein Problem. Das gehörte (leider) zu ihrem Alltag, den sie jetzt auf diese Weise aufarbeiten.

Eltern gehen mit Kindern anders um als Kinder. Kinder lernen von Kindern andere Dinge als von Erwachsenen. Beides ist gleichermaßen wichtig. In einer Familie mit zwei oder mehreren Kindern laufen diese Lernprozesse durch das tägliche Zusammenleben von selbst ab. In einer Ein-Kind-Familie sind zunächst nur die Eltern da, die ihrem Kind eine Orientierung geben – im Fachjargon die »vertikale Orientierung« genannt. Die »horizontale Orientierung«, also die auf der gleichen Ebene, der Kind-Ebene, fehlt hier. Sie ist nur außerhalb der Familie, an anderen Kindern möglich. Noch so hingebungsvolle Eltern können sie nicht ersetzen. Thomas von Kürthy sagt dazu: »Vertikale und horizontale Orientierung sollten in einem Gleichgewicht stehen und das nicht nur für das Einzelkind. Horizontale Orientierung dient dem Erwerb von sozialer Routine, dem Erleben von Kooperation und Konfliktstrategien zur Bewährung von Alters- und Geschlechtsrollen. Die vertikale Orientierung setzt allerdings ein Elternhaus voraus, das Orientierungsmaßstäbe setzen kann, also Eltern, die Identifikationschancen bieten.«[43] Durch ihr Zusammenleben mit dem Kind übermitteln die Eltern ihm Wertmaßstäbe und Verhaltensregeln. Das Kind kann sich an diesen Wegweisern orientieren. Andere Personen, die einem Kind ebenfalls zur vertikalen, also zur Orientierung an der

Ebene der Älteren, verhelfen, sind KindergärtnerInnen, LehrerInnen, häufig in der Familie verkehrende FreundInnen und Geschwister mit großem Altersabstand. Von all diesen Personen kann das Kind abschauen, wie sich Erwachsene verhalten, was sie denken, was sie fühlen. Es kann von ihnen nicht lernen, wie sich Kinder untereinander verhalten. Wie sie aufeinander zugehen, wie sie Bekanntschaften und Freundschaften knüpfen und pflegen können, wie sie im Streitfall miteinander umgehen können. Ein Kind kann sich fairerweise auch nicht mit Erwachsenen vergleichen. Ob es um sportliche, schulische, künstlerische oder scheinbar ganz simple Leistungen wie das Binden von Schnürsenkeln geht, ein echtes Kräftemessen, ein realistischer Vergleich ist nur unter Kindern möglich. Hier können sie ihre Schwächen und Stärken erfahren, nicht im Vergleich mit Mama und Papa. Aus einem solchen fairen Vergleich heraus können sie ihre eigenen Kräfte entfalten und mit ihnen wachsen. Kinder brauchen für ein gesundes Aufwachsen also andere Kinder. Geschwisterkindern werden sie in die Wiege gelegt. Einzelkinder und deren Eltern müssen sich um Kontakte zu anderen Kindern bemühen. Einzelkinder, die keinen oder kaum Kontakt zu anderen Kindern haben, laufen dann tatsächlich auch Gefahr, zu den angeblich so »typischen« vereinsamten, kontaktscheuen und elternbezogenen Einzelkindern zu werden. Thomas von Kürthy hält es für einen schweren Erziehungsfehler, wenn Eltern eines Einzelkindes die Grenzen ihrer Familie nicht auflockern, da sie meinen, ihr Kind sei zu Hause am besten aufgehoben. »Doch in unserer Zeit ist es eine allgemeine Erkenntnis geworden, daß das ›arme, vereinsamte Einzelkind‹ Spielgefährten braucht, so daß solche elementaren Fehler die Ausnahme bilden. Bis zum Kindergarten denken die Eltern jedoch oft nicht daran, daß das Kind auch vorher schon den Umgang mit anderen Kindern benötigt, daß es Selbstvertrauen gewinnen, aber auch lernen muß, zurückzustecken. Der Schritt in den Kindergarten ist ein entscheidender und kritischer erster Schritt in die Gemeinschaft der Gleichaltrigen, der mit Gefahren verbunden ist... Es wäre gut, Eltern würden nicht erst dann damit anfangen, ihrem Einzelkind Außenkontakte zu vermitteln, wenn es im Kindergartenalter ist, sondern schon im Krabbelalter, auch wenn es in diesem Alter noch nicht richtig spielen kann mit anderen Kindern, eine Fähigkeit, die erst mit etwa drei Jahren entwickelt wird. Es sollte schon dann in einer Gegend seine ersten Fortbewegungsversuche und vor allem seine ersten Schritte machen, wo andere Kinder sind: im Park, auf der Wiese, im Sandkasten, auf dem Spielplatz. Daß bei diesen ersten Versuchen eine Vertrauensperson dabeisein muß, ist selbstverständlich, denn das Gefühl der Geborgenheit ist für ein Kleinkind von existentieller Bedeutung. Hat ein Kind es nicht gelernt, sich anderen Kindern zu nähern, so vergräbt es sich später hinter Büchern und Schularbeiten und eine Bemerkung wie ›Spiel doch auch mal mit anderen Kindern‹ empfindet es als Bedrohung.«[44] Den besten Freundschaftsdienst können wir Eltern eines Einzelkindes unserem Kind also damit erweisen, daß wir es in seinen Bemühungen um Freundschaften zu anderen Kindern unterstützen. Da wir uns aus den unterschiedlichsten Gründen heraus dazu entschlossen haben, ihm kein weiteres Kind als Familienmitglied zu »schenken«, müssen wir uns zu seinem und unserem Wohle um Außenkontakte bemühen.

○ Kinder brauchen Kinder – es müssen nicht die eigenen Geschwister sein. Wenn wir uns das als wichtigstes Kriterium für die Einzelkinderziehung einprägen, haben wir schon die schwierigsten Klippen umschifft.

Wenn die Kinder in den Kindergarten oder später in die Schule gehen, sind sie weniger auf unsere Unterstützung angewiesen als in der Zeit zuvor. Ein Zwei- oder Dreijähriges ist noch nicht imstande, allein zu anderen Kindern zu gehen. Es sei denn, die Wohnlage seiner Eltern ist so günstig, daß es aus der Haustür hinausgehen kann und dort SpielgefährtInnen, aber keine Autos antrifft. Vielfach sind solche günstigen Umstände aber nicht gegeben, so daß die Eltern, in der Regel die Mütter, hier aktiv werden müssen. Es gibt mittlerweile fast überall eine Vielzahl von Möglichkeiten, andere Mütter/Eltern und deren Kinder zu treffen. Einige davon sollen im folgenden vorgestellt werden. Darüber hinaus sind der eigenen Phantasie aber keine Grenzen gesetzt. NachbarInnen oder FreundInnen können gemeinsam oder abwechselnd kochen, sich einmal oder mehrmals pro Woche in der Kinderbetreuung abwechseln, feste Spielnachmittage ausmachen und vieles andere mehr. Auch in Vereinen oder in Kursen an der Volkshochschule finden Kinder Spielgefährten, mit denen sie sich nach besserem Kennenlernen auch »privat« treffen können.

## Kontakte auch für Mütter

Sich über Treffmöglichkeiten mit anderen Müttern und Kindern Gedanken zu machen, kommt nicht nur dem Kind zugute. Gerade die ersten drei oder vier Jahre, ehe das Kind in den Kindergarten kommt, sind nicht nur für die Kinder, sondern auch für viele Mütter eine kritische Zeit. Viele Frauen fühlen sich in dieser Zeit sehr isoliert. Viele von ihnen haben ihren Arbeitsplatz aufgegeben, um sich ganz um ihr Kind kümmern zu können. Ihre Arbeit und ihre Kolleginnen und Kollegen fehlen ihnen. Erfolgserlebnisse, wie sie sie vorher doch ab und zu im Berufsleben verzeichnen konnten, sind jetzt äußerst rar gesät. Haushalt und Kinderbetreuung laufen im immergleichen Trott ab und ihre Freude über einen neuen Zahn, über ein neues Wort oder über ein geglücktes Aufs-Töpfchen-Gehen kann niemand so richtig teilen, weil sie tagsüber meist allein mit sich und ihrem Kind ist. Oft kommt noch ein Ortswechsel hinzu, den die jungen Eltern wegen ihres Nachwuchses vollzogen haben. Die alte Wohnung war zu klein, oder es bot sich die Chance, aus dem Stadtzentrum hinaus in eine Wohnung mit Garten oder gar ein Häuschen im Grünen zu ziehen. Hier sitzt jetzt die junge Mutter mit ihrem Säugling oder Krabbelkind und fühlt sich einsam. Ich kenne fast keine Mutter, die solche Phasen nicht mitgemacht hat. Auch von mir selbst kenne ich sie nur zu gut. Als Jonas ein Jahr alt war, zogen wir aus München weg in eine kleine Gemeinde am nördlichen Stadtrand. Hier kannte ich keine Menschenseele, tröstete mich aber mit dem Gedanken, daß ich mit der S-Bahn in einer halben Stunde im Zentrum von München sein könnte, mit dem Auto würde ich bis nach Schwabing sogar nur zwanzig Minuten brauchen (vorausgesetzt, die Nürnberger Autobahn wäre einmal staufrei). Nicht bedacht hatte ich allerdings, daß frau mit einem Winzling im Kinderwagen doch nicht ganz so flexibel ist und es letztendlich auch egal ist, ob sie ihre Kreise allein durch München oder durch ihren neuen Wohnort zieht. Denn auch in München war ich allein, waren doch alle meine Freundinnen und Freunde berufstätig. So beäugte ich kontakthungrig alle Frauen, die ebenfalls ihren Kinderwagen vor sich herschoben, verbrachte Stunden um Stunden auf dem Spielplatz, immer in der Hoffnung, daß sich aus einem freundlichen »Guten Tag« oder »Wie alt ist denn der Kleine?« eines Tages einmal mehr entwickeln würde. Kinderkontakte bedeuten in diesem Alter immer auch Mütterkontakte (der umgekehrte Fall muß nicht immer zutreffen!), so daß es also nicht nur im Interesse des Kindes, sondern auch ganz in dem der Mutter ist, solche herzustellen. Viele Erfahrungsberichte über das Zustandekommen von Spielgruppen, Mütterzentren und anderen Treffs zeigen denn auch, daß häufig der Wunsch der Mutter, aus ihrer isolierten Situation auszubrechen, den ersten Anstoß gab:

»Es gibt sicher Frauen, die sich durch die häuslichen Arbeiten und durch ihre Familie ausgefüllt fühlen und darüber hinaus nichts vermissen. Zu diesen Frauen gehöre ich nicht. Aber ich hatte gemeint, doch zumindest einige Jahre so leben zu können. Als das erste Kind unterwegs war, habe ich meinen Beruf gerne aufgegeben. Ich habe mich darauf gefreut, mit meinen Kindern zu Hause sein zu können. Ich war sicher, daß dies eine schöne und befriedigende Aufgabe wäre. Solange die Kinder noch sehr klein waren und mich voll brauchten, ging dies auch ganz gut. Zwar waren die nächtlichen Störungen anstrengend, aber es war auch schön.

Als unsere Töchter 4 und fast 2 Jahre alt waren, zogen wir in eine andere Stadt. Wir hatten eine schöne große Wohnung gefunden, am Rande der Großstadt und schon ein wenig im Grünen; sogar ein kleiner Garten mit Schaukel und Sandkasten gehörte dazu. Mit großem Elan richteten wir uns ein und freuten uns der neuen Behausung.

Ich merkte es erst nach einiger Zeit, daß die Freude über diese Verbesserung sehr schnell geschwunden war: Da saß ich nun tagaus, tagein mit meinen Kindern in der schönen Wohnung und wurde immer unzufriedener ... Ich spürte, wie ich mich immer weiter von meinem Ideal einer guten Mutter entfernte, und wurde noch unzufriedener mit mir selbst. Ich hatte bisher nicht bemerkt, wie ich meine Unzufriedenheit auf meine Kinder übertrug: ich meckerte an allem und jedem herum. Das aber schürte natürlich ihren Widerstand, und sie reagierten entsprechend ...

Ich hatte lange gebraucht, um zu begreifen, daß nicht meine ›Unfähigkeit‹ an allem schuld war. Die äußeren Vorteile und die Annehmlichkeiten meiner Lebenssituation waren eine Art goldener Käfig für mich: einerseits verhießen sie Geborgenheit und Sicherheit, andererseits aber hielten sie mich gefangen und hinderten mich daran, nach anderen Leuten zu suchen, Kontakte zu knüpfen, mich um Gespräche zu bemühen und nach einer Aufgabe zu sehen, die mich befriedigen konnte und die mir wieder mehr Selbstbewußtsein gab. Auch die Kinder brauchten andere Kinder, andere Erwachsene, damit sie sich mit ihnen auseinandersetzen konnten und wir uns nicht ständig aneinander rieben. Ich mußte etwas unternehmen, das unsere Situation und unser Zusammenleben änderte.«[45] So schildert Anne-Bärbel Münchmeier, die Autorin des Buches »Kleinkinder-Treff« ihre ganz persönliche Vorgeschichte, die zur Gründung eines regelmäßigen Treffs von Müttern und Kindern führen sollte. Über die Kindergärtnerin ihrer älteren Tochter bekam sie die Telefonnummer einer gleichgesinnten Frau, die beiden trafen sich und fühlten sich gemeinsam stark genug, eine Kindergruppe ins Leben zu rufen. »Irgendwann kamen wir darauf, den Leiter des örtlichen Bildungswerkes, das ja verschiedene Veranstaltungen für Kinder und Erwachsene anbot, um Rat zu fragen. Offenbar kamen wir ihm gerade recht. Er schlug vor, wir sollten unser Vorhaben im nächsten Programm des Bildungswerkes ausschreiben. Einen Raum wollte er über die Kirchengemeinde beschaffen. Und auch über Finanzen wurde gleich gesprochen: Wie in anderen Veranstaltungen sollten von den ›Teilnehmern‹ (pro Mutter und Kind) ein kleiner Betrag erhoben werden; wir als die Organisatorinnen sollten eine Aufwandsentschädigung bekommen. An so etwas hatten wir noch gar nicht gedacht, aber es gab unserem Unternehmen einen sehr realistischen Anstrich. Wenig später schrieben Gisela und ich an einem schönen Morgen in ihrer Küche die Ausschreibung, wie sie auch bald darauf im Programm des Bildungswerkes gedruckt zu lesen war. Der entscheidende Schritt war getan. Kaum war das Programm in allen Haushaltungen verteilt, stand mein Telefon nicht mehr still. Innerhalb von vier Tagen hatten wir mehr als 30 Anmeldungen. Wir hatten also völlig richtig gelegen. Viele Frauen sehnten sich wie wir nach Kontakt und Anregungen für sich und ihr Kind.«[46]

Mütter oder Väter, die sich frühzeitig nach SpielgefährtInnen für ihre Krabbelkinder umsehen, schlagen also zwei Fliegen mit einer Klappe: sie sorgen dafür, daß ihr Kind von klein auf mit anderen Kindern zusammen sein kann und bannen damit die Gefahr, daß es zu sehr auf die Erwachsenenwelt fixiert wird. Sie bekommen selbst die Chance, Menschen in ähnlicher Situation kennenzulernen, mit denen sie nicht nur gemeinsame Unternehmungen oder eine gegenseitige Kinderbetreuung starten können, sondern mit denen sie gemeinsam aus der drohenden Isolierung, die so viele Hausfrauen (und die wenigen Hausmänner) umgibt, ausbrechen können.

## Stillgruppen und Treffs für Krabbelkinder

Was hat der Hinweis auf Stillgruppen in diesem Kapitel, in dem es um Spielgefährten für Einzelkinder geht, zu suchen? Das ist ja dann wohl doch etwas übertrieben, einem Säugling bereits Kinderkontakte vermitteln zu wollen. Richtig. Darum soll es auch gar nicht gehen. Stillgruppen sind aber – neben ihrer eigentlichen Funktion, die Mütter beim Stillen zu unterstützen – auch eine gute Möglichkeit, andere Frauen mit Kindern im gleichen Alter kennenzulernen. Caroline, eine Bekannte von mir, schloß sich einer solchen Gruppe an, als ihre Tochter Sophie wenige Wochen alt war.

Sie erzählt: »Obwohl ich gut vorbereitet war auf's Stillen, bekam ich drei Wochen nach der Geburt Probleme damit; beim Kinderarzt fiel mir die Telefonnummer unserer ortsansässigen Stillgruppe in die Hände, dort rief ich an, um mir

Ratschläge zu holen. Die bekam ich auch und dazu noch eine Einladung, doch einfach mal beim nächsten Treffen der Stillgruppe vorbeizuschauen. Ich ging einige Tage später hin – und blieb dann ein halbes Jahr lang in der Gruppe. Wir trafen uns einmal pro Woche mit unseren Babys, um zu reden, eventuelle Probleme von einzelnen Frauen zu besprechen, Informationen auszutauschen. Mit zwei Frauen aus der Gruppe bekam ich schnell intensiveren Kontakt und wir beschlossen, uns öfters zum gemeinsamen Spazierengehen mit unseren Babys zu treffen. Später meldeten wir uns gemeinsam in einer Mutter-Kind-Gruppe an, und wir haben auch heute noch Kontakt zueinander, obwohl unsere Kinder mittlerweile schon in den Kindergarten gehen.«

Stillgruppen können also eine von mehreren Möglichkeiten sein, andere Mütter mit ihren Kindern kennenzulernen. Als Mutter kann frau davon schon zu einer Zeit profitieren, in der es dem Baby nicht im Traum einfiele, ein anderes anzugucken. Nicht selten entstehen aus solchen Bekanntschaften zwischen den Erwachsenen länger andauernde Beziehungen, die bis ins Krabbel-, Kindergarten- oder ein noch höheres Alter bestehen bleiben; und dann sehr wohl den Kindern, speziell den Einzelkindern, zu Gute kommen. Die meisten Stillgruppen sind der »La Leche Liga« oder der »Arbeitsgemeinschaft Freier Stillgruppen« (Adressen siehe Anhang) angeschlossen. In vielen Städten und Gemeinden hängen die Adressen der ortsansässigen Stillgruppen auch bei Frauen- und KinderärztInnen und in Entbindungskliniken bzw. auf den Entbindungsstationen von Krankenhäusern aus. Auch die niedergelassenen Hebammen und die Gesundheitsämter sowie Krankenkassen haben oft Listen mit den Adressen und Telefonnummern. In jeder Gruppe gibt es eine Stillgruppenberaterin, die eigene Erfahrungen und fundiertes Wissen mitbringt. Oft kann sie bei Problemen auch mal telefonisch eine Auskunft erteilen. Sie stehen in ständigem Kontakt mit ihren Organisationen, denen ÄrztInnen und PsychologInnen beratend zur Seite stehen. Wo die Treffen stattfinden, ist von Ort zu Ort unterschiedlich. Privatwohnungen, Mütterzentren, Räume der Gemeinde oder der Stadt oder Nebenräume von Kirchen sind übliche Treffpunkte.

Kleinkinder-Treffs, Spielgruppen oder Krabbelgruppen sind die Bezeichnungen für regelmäßige Treffpunkte von Müttern mit ihren Krabbelkindern. Ob privat organisiert oder im Rahmen einer Institution, ist eine Frage des persönlichen Geschmacks oder der Gegebenheiten.

Wenige Monate vor Jonas' erstem Geburtstag gab ich eine Anzeige in der Zeitung auf: »Spielgruppe für Mutter und Kind (10 Monate) gesucht!« Am nächsten Samstag stand das Inserat in der Zeitung. Doch meine Enttäuschung war groß. Ich blieb das ganze Wochenende über zu Hause, um nur ja keinen Anruf zu verpassen. Doch niemand meldete sich. Entmutigt griff ich am Sonntagabend zur Zeitung, um mir meine eigene Anzeige noch einmal anzusehen. Vielleicht war ja aus Versehen meine Telefonnummer falsch abgedruckt worden? Nein, leider nicht. Aber ich fing an, die anderen Anzeigen auf derselben Zeitungsseite zu lesen. Plötzlich las ich: »Welche Mutter mit Krabbelkind möchte sich mit uns zum Spielen treffen?« Am nächsten Vormittag rief ich die dort angegebene Telefonnummer an. Sylvia meldete sich und erzählte mir, daß sich bei ihr am Wochenende schon sieben Frauen gemeldet hätten. (Ich nehme an, daß sich keine dieser Frauen bei mir gemeldet hatte, weil ich keine Münchner Telefonnummer, sondern eine mit einer auswärtigen Vorwahl habe.) Es gab auch schon einen Termin fürs erste Treffen, das bei Conny im Garten stattfinden sollte. Aufgeregt setzte ich meinen Sohn eine Woche später ins Auto und wir fuhren nach München. Zehn Frauen mit 13 Kindern trudelten im Laufe der ersten Viertelstunde ein. Nur zwei Frauen kannten sich untereinander: Sylvia und Conny, die gemeinsam die Anzeige aufgegeben hatten. Sie hatten sich in der Geburtsvorbeitungsgruppe kennengelernt, waren nach ihrer Entbindung in Kontakt geblieben und hatten nach einer Weile beide den Wunsch entwickelt, noch einige andere Frauen kennenzulernen, um sich regelmäßig mit ihnen zu treffen. Daß sich so viele Frauen melden würden, hatten sie nicht erwartet. Uns war von Anfang an klar, daß wir uns auf Dauer nicht in einer solch großen Gruppe treffen könnten. Es würden niemals intensive Gespräche entstehen können, vor allem aber waren wir der Ansicht, daß die Kinder angesichts so vieler Leute überfordert werden würden. Nach der ersten Vorstellungsrunde, die dank Kaffee und Kuchen einigermaßen locker ablief, beschlossen wir, daß wir zunächst einmal abwarten wollten. Denn die Gruppe völlig willkürlich aufzuteilen, erschien uns nicht günstig. Andererseits hatten wir aber noch keine Kriterien an der Hand, die uns bei einer Aufteilung irgendwie hätten weiterhelfen können. Wir dachten uns, wenn wir uns gegenseitig näher kennengelernt hätten, würden sich vielleicht von allein zwei Untergruppen an »Sympathisantinnen« ergeben. Connys Garten bot sich als vorläufiger weiterer Treffpunkt an. Er war groß genug, uns alle aufzunehmen und hatte einen Sandkasten und eine Schaukel (die später noch öfter zu Querelen zwischen den Kindern führen sollte). Kuchen, Säfte und Zusätzliches wollten wir reihum mitbringen. Wir einigten uns darauf, kein »Programm« machen zu wollen. Das Wichtigste für die meisten von uns war, selbst Kontakt zu anderen Frauen zu bekommen und den Kindern Gelegenheit zu bieten, mit anderen Kindern zu spielen.

Das »Wir sitzen alle in einem Boot«-Gefühl half uns dabei, die Hemmschwellen diesen vielen fremden Frauen gegenüber ziemlich rasch zu überwinden. Alle Frauen waren vor der Geburt ihres Kindes berufstätig gewesen und hatten nun erst einmal ihre Erwerbsarbeit unterbrochen. Wir alle waren also plötzlich in der klassischen Rolle der Hausfrau und Mutter, die uns in unterschiedlichem Maße behagte. Einig waren wir uns, und das war schließlich auch der Grund für das Zustandekommen der Gruppe, daß wir zu viel Zeit allein mit unserem Kind verbrachten. Wir trafen uns von nun an zwei Jahre lang, mittwochs. »Am Montag«, so sagten Sylvia und Beate, »haben wir noch genügend Energie vom Wochenende getankt. Da ist doch immer mehr los, da treffen wir Leute, und da sind ja auch unsere Männer da. Je mehr die Woche vorrückt, um so einsamer fühlen wir uns. Der Mittwoch ist meistens einer der schlimmsten Tage.« Wir anderen empfanden dies ähnlich.

Im Herbst, da wir uns öfter in Wohnungen treffen mußten, die natürlich mit so vielen Frauen und Kindern aus allen Nähten zu platzen drohten, teilten wir die Gruppe. Es hatten sich tatsächlich zwei Kreise ergeben, in denen sich die Frauen verstärkt zueinander hingezogen fühlten. Ich verblieb in einer Gruppe mit insgesamt vier Frauen und fünf Kindern. Eineinhalb Jahre später bekamen wir, beziehungsweise Sylvia, noch ein Baby dazu.

Meistens waren wir von circa zwei bis fünf Uhr zusammen. Während die Mütter Kaffee tranken und sich unterhielten, spielten die Kinder mit Bauklötzen, Autos, Puppen etc. miteinander. Wir mischten uns in ihr Spiel nur ein, wenn die Streitereien zwischen ihnen uns zu bedrohlich vorkamen. Nach dem Kaffeetrinken entschieden wir spontan über das weitere Programm. Wenn die Kinder in ihr Spiel vertieft waren, genossen wir es sehr, in unserem Gespräch fortzufahren. Wenn wir merkten, daß an einem Tag mal kein Spiel zustandekommen wollte, las eine von uns etwas vor, wir machten Kreisspiele mit den Kindern oder bastelten mit ihnen. Im Winter gingen wir manchmal gemeinsam zum Schlittenfahren oder Schneemann bauen, im Sommer trafen wir uns auch mal an einem See oder gingen auf einen Spielplatz in der Nähe. Im Laufe der Zeit kannten sich unsere Kinder so gut, daß es auch kein Problem war, wenn eine der Mütter an unserem Mittwoch mal etwas zu erledigen hatte. Sie brachte das Kind in die Gruppe und ging für zwei Stunden weg. Auch andere Babysitter-Einsätze am Abend oder an anderen Tagen funktionierten mit der Zeit problemlos. Ab und zu trafen wir uns auch abends, um gemeinsam zum Essen zu gehen, auch die Männer waren einige Male dazu eingeladen.

Ich denke, daß wir schon ziemliches Glück hatten, denn sicherlich passen Menschen, die sich über eine Anzeige kennenlernen, nicht immer so gut zusammen, wie es bei uns der Fall war. Mit zwei der Frauen bin ich heute, fünf Jahre später, immer noch befreundet und auch unsere Kinder haben nach wie vor einen ganz besonderen Kontakt zueinander. Selbst wenn wir uns nur noch sporadisch sehen, können die Kinder schnell ein gemeinsames Spiel aufnehmen, so als hätten sie sich erst letzte Woche getroffen.

Ganz anders ist das bei den Frauen und Kindern, die Jonas und ich in der Mutter-Kind-Gruppe in unserem Ort kennengelernt haben. Zu diesen Frauen und Kindern besteht heute nur noch »Gruß-Kontakt«, Jonas kennt die meisten Kinder aus dieser Gruppe fast gar nicht mehr. Meiner ersten Spielgruppe wurde ich nach einem knappen Jahr »untreu«. Meine Nachbarin, mit der ich mich im Laufe der Zeit angefreundet hatte, erzählte mir, daß sie sich und ihre beiden Töchter für eine Spielgruppe in unserem Ort anmelden wollte. Ob ich mitmachen würde? Da die Frauen und Kinder aus meiner Spielgruppe alle in München wohnten, und ich noch wenig Kontakt an unserem Wohnort hatte, hielt ich das für eine gute Idee. Marlies meldete uns beide beim Kreisbildungswerk, dem Träger dieser Mutter-Kind-Gruppen an. Wir bekamen die Zusage, daß in wenigen Wochen eine neue Gruppe gegründet würde, an der wir teilnehmen könnten.

Wenige Zeit später rief mich Bärbel an, unsere zukünftige Gruppenleiterin. Sie lud mich für einen Abend in der drauffolgenden Woche zu einem ersten Kennenlernen der Gruppenmütter ein. Dort erfuhren wir, wie eine solche Gruppe »funktionierte«. Einmal in der Woche, vormittags von 9 bis 11 Uhr, trafen wir uns in einem Nebenraum der hiesigen katholischen Kirche. Trotz dieses Ortes und der Trägerschaft durch das Kreisbildungswerk spielte aber die Konfession der einzelnen Beteiligten keine Rolle und war auch niemals Thema in der Gruppe. Bärbel als Gruppenleiterin erhielt vom Träger ein kleines Entgeld, wir als Teilnehmerinnen zahlten einen kleinen monatlich Beitrag, der für Spielmaterialien ausgegeben wurde. In unserer Gruppe war von vornherein klar, daß wir Mütter keine Zaungäste sein würden, die das Spiel zwischen der Gruppenleiterin und unseren Kindern beobachten würden. Bärbel brachte während des ersten halben Jahres zwar die Ideen ein und strukturierte den Ablauf unserer gemeinsamen Vormittagsstunden. Alle Mütter spielten aber mit und packten auch mit zu, wenn Tische oder Stühle gerückt oder aufgeräumt und gekehrt werden mußte. In dieser Gruppe gab es im Gegensatz zu meiner Münchner Gruppe stets ein festes Programm. Mit einem »Guten-Morgen-Lied«, bei dem wir im Kreis auf dem Boden saßen, starteten wir den Vormittag, bis zur gemeinsamen Brotzeit (die jede Mutter selbst mitbrachte) gegen zehn Uhr spielten oder bastelten wir mit unseren Kindern. Wir waren meist fasziniert von den Ideen, die Bärbel mitbrachte: Mitten im Winter saßen wir alle gemeinsam auf dem Boden, zwischen uns drei ausgeschüttete Säcke Blumenerde, die unseren Kindern und auch uns als »Sandkasten« dienten. Das »Sandspielzeug« hatten wir Mütter selbst mitgebracht. Ein andermal brachte jede von uns Joghurtbecher mit. Bärbel hatte Reis mitgebracht. Ein Joghurtbecher wurde mit Reiskörnern gefüllt, der andere obenauf gesetzt, die Nahtstelle zwischen beiden Bechern mit Klebeband umwickelt – fertig war die Rassel, die uns bei einem anschließenden gemeinsamen Singen als Rhythmusinstrument diente. Bärbel schien ein schier unerschöpfliches Repertoire an Bastel-, Sing- und Spielideen zu haben. Wir erfuhren, daß sie sich einmal im Monat mit den Leiterinnen der anderen Spielgruppen traf, die dort ihre Erfahrungen und auch ihre Ideen austauschten. Darüber hinaus waren die Spielgruppenleiterinnen in regelmäßigem Kontakt mit dem Kreisbildungswerk, das hin und wieder auch Informationsmaterial beisteuerte.

Das Repertoire mag unerschöpflich gewesen sein – Bärbels Energie war es nicht. Nach einem knappen Jahr wurde ihr der Leistungsdruck, jede Woche einen gelungenen Vormittag zu organisieren, zu hoch. Sie stellte uns vor die Alternative, mit der Gruppe aufzuhören oder abwechslungsweise die Organisation der Gruppenstunden zu übernehmen. Die Wahl war für uns klar. Gerade aneinandergewöhnt, wollten wir unsere regelmäßigen Treffen nicht aufgeben. Obwohl sich die meisten von uns nicht zutrauten, einen ganzen Vormittag für alle zu organisieren, sagten wir zu, es zumindest mal zu probieren. Und es klappte. Nach fast einjähriger Spielgruppenerfahrung waren wir imstande, die Gruppe selbständig weiterzuführen. Bärbel war von nun an »ganz normales« Mitglied der Gruppe, ein oder zwei Mütter bereiteten abwechselnd die Treffen vor. Zum Teil griffen wir dabei auf alte Ideen zurück, die uns und unseren Kinder besonders gut gefallen hatten, zum Teil fielen uns neue Spiele oder Bastelideen ein. Wenn mal gar keine Einfälle kamen, gingen wir mit den Kindern auf den Spielplatz, zum Baden oder in den Tierpark.

Meine Münchner Spielgruppe profitierte übrigens nicht selten von den zahlreichen Ideen, die wir in der anderen Kindergruppe hatten. Probleme damit, daß Jonas und ich in zwei festen Spielkreisen waren, gab es nicht. Dazu waren die

Gruppen zu unterschiedlich. In der privaten Gruppe, die sehr viel kleiner war, kam es uns nach wie vor auf einen freundschaftlichen Kontakt und die Gespräche zwischen den Müttern an. Hier hatten wir einen Kreis gefunden, der sowohl den Müttern als auch den Kindern zugute kam. In der institutionalisierten Spielgruppe standen die Kinder sehr viel mehr im Vordergrund. Gespräche zwischen den Müttern konnten nur am Rande ablaufen. Allerdings kamen zwischen einigen der Müttern auch private Freundschaften zustande, die die Zeit der Spielgruppe überdauerten. Selbstverständlich sind dies meine ganz persönlichen Erfahrungen. In anderen Gruppen kann das wieder ganz anders aussehen, da es immer auf die Frauen und Kinder, die hier zusammentreffen, ankommt.

Anne-Bärbel Münchmeier schreibt über ihren Kleinkinder-Treff beispielsweise:

»Der Treff war (mit Beginn der Kindergartenzeit, Anm. ED) zu Ende, aber die Gruppe behielt für die meisten noch eine Bedeutung. Für mich z. B. hatte der Ort durch die Gruppe eine Gestalt bekommen: Hier wohnt die, dort wohnt jene. Wir begegnen uns beim Einkaufen, und wir wechseln dabei nicht nur höfliche Worte. Wir wußten, wen wir zum Babysitten bitten konnten, wer im Urlaub unsere Hasen versorgen würde. Und wir wußten, daß auch wir gefragt würden, wenn Not am Mann wäre. Durch diese Kontakte fühlten wir uns an unserem Ort zu Hause, und durch die Gruppe gewannen wir immer neue Bekannte.

Auch für die Kinder blieben die Freunde aus dem Treff noch lange Zeit die wichtigsten.

Maria (ihre Tochter, Anm. ED) war nur noch selten allein. Entweder spielte sie bei anderen Kindern, oder sie trafen sich bei uns.

Unser Alltag hatte sich verändert. Ging eine in den Zirkus, so natürlich nicht allein; sie besorgte Karten für mehrere. Fuhr eine in den Großhandel, ließ sie ihr Kind da und nahm statt dessen eine zweite Einkaufsliste mit. Wir lebten und dachten nicht mehr nur für uns allein. Für die anderen mitzudenken, war uns inzwischen selbstverständlich geworden. Ging es einer von uns nicht gut, so wußte sie sich und die Kinder bestens versorgt.«[47]

Wer nicht das (mittlerweile recht selten gewordene) Glück hat, in einer Wohngegend zu wohnen, in der viele Kinder wohnen, die sich spontan in einem Innenhof, einem Spielplatz oder auf der Straße – ungefährdet vom Autoverkehr – zum Spielen treffen können, kann von einer solchen Spielgruppe meist nur profitieren. Die Mutter, indem sie Frauen kennenlernt, die in ähnlicher Situation leben wie sie selbst. Das Kind, indem es Spielgefährten findet, meist nicht nur für einen Tag in der Woche, sondern nach einiger Zeit auch für viele Stunden außerhalb der eigentlichen Spielgruppe. Es lernt hier auf andere Kinder zuzugehen, mit ihnen umzugehen, es lernt Auseinandersetzungen kennen und wie es möglich ist, sie zu lösen. Zudem gewinnt es Vertrauen zu anderen Erwachsenen, löst sich dadurch ein Stück weit von den eigenen Eltern und wird unabhängiger und selbständiger. Als Vorbereitung auf den Kindergarten ist eine Spielgruppe ideal.

Fast in jeder Kommune werden mittlerweile solche Gruppen angeboten. Mütterzentren, Volkshochschulen oder andere Einrichtungen der Eltern- und Familienbildung führen Spielgruppen, Spielkreise, Mutter-Kind-Gruppen, Miniclubs oder wie auch immer sie heißen, durch. (Siehe dazu auch Seite 60f.) In kleinen Gemeinden wird man auch im Rathaus Auskunft über ortsansässige Gruppen bekommen. In Städten kann die Gleichstellungsstelle weiterhelfen.

Für privat initiierte Gruppen reicht es meistens, den Anzeigenteil der Zeitung zu lesen, beziehungsweise selbst eine Anzeige aufzugeben oder einen Aushang beim Kinderarzt / der Kinderärztin oder im Supermarkt zu machen.

## Die Kindergartenzeit

Der Kindergarten ist eine Erfindung des vorigen Jahrhunderts. 1840 gründete der Pädagoge Friedrich Fröbel in Blankenburg/Thüringen die ersten Kindergärten. Sein Ziel war, die kindliche Schöpferkraft durch neue Spiel – und Beschäftigungsmittel zu fördern. Weitere Impulse kamen von der italienischen Ärztin und Erzieherin Maria Montessori, die besonderen Wert auf die Selbsttätigkeit der Kinder legte.

Heute, rund 150 Jahre später, gibt es fast kein Schulkind mehr, das nicht zumindest ein Jahr lang, meistens aber für zwei oder drei Jahre einen Kindergarten besucht hat. Die Kindergartenjahre sind gerade für Einzelkinder sehr wichtig. Hier haben sie oft und auch regelmäßig die Möglichkeit, sich im Umgang mit anderen Kindern zu üben. Sie lernen, sich zu streiten und anschließend wieder »Gut-Freund« miteinander zu sein; sie können ihre Kräfte messen und ihre Stärken und Schwächen mit denen der anderen vergleichen; sie lernen, Freundschaften zu schließen; sie erfahren, was es heißt, nicht immer im Mittelpunkt zu stehen; sie finden Kinder zum Spielen, oft nicht nur für die Stunden im Kindergarten, sondern auch für die Zeit davor oder danach und fürs Wochenende oder die Ferien. Der Abschiedsschmerz, den viele Kinder an ihrem letzten Kindergartentag haben, zeigt deutlich, wie wohl sie sich dort gefühlt haben. Jonas weinte bittere Tränen, als wir nach der Abschiedsfeier im Kindergarten nach Hause kamen. Trotz seiner Vorfreude auf die Schule mochte er sich von seiner Kindergärtnerin, den jüngeren Kindern, die noch ein Jahr dort blieben, und der vertrauten Umgebung nicht trennen. Es schien ihm unfaßbar, daß diese Zeit nun vorbei sein sollte.

Einen ähnlichen Trennungsschmerz können Kinder durchmachen, wenn sie Jahre zuvor mit ihrer Kindergartenzeit beginnen. Sie müssen sich für mehrere Stunden von ihrem Zuhause, ihrer Mutter trennen, ihr gewohnter Tagesablauf verändert sich, auf einmal gibt es feste Termine, die einzuhalten sind. Und vor allem gibt es eine riesig erscheinende Gruppe von oft fremden Kindern, die zunächst bedrohlich wirken kann. Doch Eltern können einiges dazu beitragen, ihrem Kind den Übergang in den Kindergarten zu erleichtern.

Leider sind Eltern nur selten in der Lage, sich wirklich den Kindergarten ihrer Wahl auszusuchen, denn es gibt in Deutschland viel zu wenig Kindergartenplätze. So sind die Eltern froh, wenn sie überhaupt einen Platz für ihr Kind bekommen. Die unterste Altersgrenze wurde wegen des Platzmangels in vielen Kindergärten mittlerweile auf vier Jahre angehoben. Dreijährige haben vielerorts oft nur eine Chance, einen Platz zu bekommen, wenn beide Elternteile berufstätig sind oder die Mutter beziehungsweise der Vater alleinerziehend ist. Weitere Probleme im bundesdeutschen Kindergartendilemma sind die meist unflexiblen Öffnungszeiten, die häufig nicht mit den Anfangs- und Schlußzeiten der Arbeitsstellen der Eltern übereinstimmen, zu lange Schließungszeiten während der Ferien und die äußerst raren Angebote für Gruppen mit einem gemeinsamen Mittagstisch. Es ist höchste Zeit, daß sich hieran etwas ändert! Denn die Chancengleichheit für Frauen und Männer im Berufsleben wird sich letztendlich erst dann in die Praxis umsetzen lassen, wenn die gravierenden Betreuungsprobleme für die Kinder gelöst werden können.

Wer aber tatsächlich die Möglichkeit hat, zwischen verschiedenen Kindergärten auszuwählen, sollte sich vorher kundig machen.

○ Rufen Sie im Kindergarten an und bitten Sie um einen Termin, an dem Sie gemeinsam mit Ihrem Kind zu einem Besuch kommen können. Sollte das von der Kindergartenleiterin kategorisch abgelehnt werden, vergessen Sie diesen Kindergarten, und probieren Sie es beim nächsten. Denn wenn Ihr Wunsch nach einem Kennenlernen der Frauen, die dort arbeiten, und der Räumlichkeiten nicht akzeptiert wird, ist es mit dem Einfühlungsvermögen der Kindergärtnerinnen und auch mit ihrer Kooperationsfähigkeit nicht weit her. In guten Kindergärten haben Eltern und Kinder die Möglichkeit, mal hineinzuschnuppern.

---

Merken oder notieren Sie sich für Ihren Schnuppertag im Kindergarten folgende Fragen an die Erzieherin:

* Welche Gruppen kämen für mein Kind in Frage? Es gibt unterschiedliche Regelungen: reine Vormittags- oder Nachmittagsgruppen (letztere werden in erster Linie drei- oder vierjährigen Kindern angeboten); verlängerte Vormittagsgruppen, bei denen es entweder einen gemeinsamen warmen Mittagstisch oder einen von den Kindern selbst mitgebrachten Imbiß gibt; Ganztagsgruppen inklu-

sive Mittagessen und Ruhezeit. Gerade wenn beide Eltern berufstätig sind, ist es wichtig, hier frühzeitig die verschiedenen Möglichkeiten der Betreuung zu kennen.

* Wie viele Kinder sind in der Gruppe? Für Dreijährige sind kleinere Gruppen geeigneter. Meistens liegt in öffentlichen Kindergärten die Gruppenstärke bei maximal 25 Kindern. Wenn es weniger sind, um so besser.
* Wieviele Betreuungspersonen sind für diese Kinder da? Sind diese Betreuungspersonen fest in der Gruppe oder springt eine von ihnen zwischen mehreren Gruppen hin und her?
* Wie schaut der Tagesablauf aus? In der Freispielzeit, die oft am Anfang der Kindergartenstunden liegt, haben die Kinder die Möglichkeit, erst einmal in Ruhe anzukommen, mit den anderen Kindern und den Kindergärtnerinnen wieder Kontakt aufzunehmen und mit Spielsachen und SpielgefährtInnen ihrer Wahl zu spielen. Den Kindergärtnerinnen gibt diese Zeit die Möglichkeit, die Kinder zu beobachten und auf einzelne Kinder im Spiel speziell einzugehen. Sie haben jetzt die Zeit, sich auch um schüchterne AnfängerInnen zu kümmern, sie auch schon mal auf den Schoß zu nehmen (wenn die Kinder das zulassen), ihnen etwas vorzulesen oder ein Spiel ihrer Wahl mit ihnen zu machen. Es folgt eine gemeinsame Spielzeit, in der vorgelesen, gesungen und gebastelt wird oder Gruppenspiele gemacht werden. Sprechen Sie mit der Erzieherin darüber, was sie tun wird, wenn Ihr Kind an diesen gemeinsamen Aktivitäten nicht teilnehmen will. Ich persönlich halte nichts von Kindergärten, in denen die Kinder zu diesen gemeinsamen Aktivitäten gezwungen werden. Dazu aufgefordert, animiert und eingeladen, ja, aber kein »Du mußt aber!« Jeder Mensch hat das Recht, sich gelegentlich aus gemeinsamen Aktivitäten auszuklammern, auch ein kleines Kind. Die meisten Erzieherinnen sind so vernünftig, dies auch zu akzeptieren.
* Kann das Kind, bevor es richtig in den Kindergarten einsteigt, ein paar Mal für eine Stunde zu Besuch kommen und mitmachen? Besteht während der Eingewöhnungsphase die Möglichkeit, das Kind eventuell später zu brin-

gen und/oder früher abzuholen; ist es eventuell möglich, selbst ein wenig im Kindergarten zu bleiben? Vor allem einige Besuche im Kindergarten, bei dem die Kinder sich mit der neuen Umgebung vertraut machen können, erleichtern ihnen den eigentlichen Start. Ob es hilfreich ist, daß die Mutter oder der Vater in der ersten Zeit noch ein wenig mit im Kindergarten bleibt, ist sehr unterschiedlich. Manchen Kindern kann dadurch der Übergang erleichtert werden. Kindergärtnerinnen haben aber auch des öfteren die Erfahrung gemacht, daß sich die Kinder weinend an ihre Eltern klammern, solange sie im Raum sind, sich aber schon kurz nachdem Mutter oder Vater gegangen sind, trösten lassen und beginnen, mit den anderen Kindern oder der Erzieherin zu spielen.

Wenn Sie sich nach dem Gespräch den Kindergarten anschauen, achten Sie nicht nur auf die Räumlichkeiten und die verschiedenen Spielmöglichkeiten. In der Regel sind die heutigen Kindergärten gut ausgestattet und in angenehmen Räumlichkeiten untergebracht. Nehmen Sie sich die Zeit, sich irgendwohin zu setzen und die Atmosphäre auf sich wirken zu lassen. Dann bekommen Sie einen Eindruck davon, wie das Gros der Kinder sich hier fühlt, und wie die Erzieherinnen mit ihnen umgehen. Zweifel sollten Ihnen kommen, wenn die Erzieherinnen die Kinder von oben herab behandeln oder mit ihnen in einer Art Babysprache reden. Jedes noch so kleine Kind hat das Recht, ernst genommen zu werden. Ob das der Fall ist, zeigt sich häufig in der Art und Weise wie die Erwachsenen mit den Kindern reden.

Und vergessen Sie über all Ihren Beobachtungen eines nicht: die meisten Kindergärtnerinnen haben sich diesen Beruf ausgesucht, weil sie Spaß am Umgang mit kleinen Kindern haben. Sie haben eine lange und gute Ausbildung bekommen, während der sie viel Erfahrung und auch Wissen über die kindliche Entwicklung und Kleinkindpädagogik gesammelt haben. Sie sind Fachfrauen, die ihre Arbeit meist mit viel Engagement tun, und bei denen die Kinder in aller Regel in guten Händen sind. Noch eines: wenn Ihnen die Erzieherin möglicherweise nicht hundertprozentig sympathisch ist, so heißt das noch lange nicht, daß sie in der gleichen Weise auf Ihr Kind wirkt. Es hat seine eigenen Vorlieben und Abneigungen. Darin sollte es nicht beeinflußt werden.

---

### Wie Sie Ihrem Kind den Einstieg in den Kindergarten erleichtern können

* Bieten Sie Ihrem Kind von klein auf die Gelegenheit, mit anderen Kindern und anderen Erwachsenen zusammenzusein. So bekommt es Übung im Umgang mit anderen Menschen.
* Gewöhnen Sie es daran, sich hin und wieder für einige Stunden von Ihnen zu trennen. Der Einschnitt ist zu groß, wenn dies mit dem Kindergarteneintritt zum ersten Mal der Fall ist!
* Sprechen Sie nach Möglichkeit mit der Leiterin Ihres Kindergartens ab, daß Ihr Kind schon vor dem offiziellen Beginn mehrmals einige Stunden im Kindergarten verbringen kann, damit es sich mit der neuen Umgebung vertraut machen kann.
* Machen Sie beim Hinbringen keine herzzerreißenden Abschiedsszenen! Das verunsichert Ihr Kind und erschwert ihm den Abschied von Ihnen. Freuen Sie sich mit Ihrem Kind über die Kindergartenzeit. Für das Kind ist es ein neuer, wichtiger Lebensabschnitt. Sie gewinnen dadurch wieder mehr Zeit für sich selbst und Ihre eigenen Belange.
* Vergessen Sie das Vorurteil, daß Einzelkinder immer am meisten Probleme bei der Eingewöhnung im Kindergarten haben. Das ist eine grobe Verallgemeinerung. Wenn Ihr Kind schon vorher kein Einzelgänger war, wird es auch im Kindergarten keiner sein.
* Ermöglichen Sie Ihrem Kind so oft es geht, auch außerhalb der Kindergartenzeit, sich mit seinen Kindergartenfreunden zu treffen; laden Sie sie ein, nehmen Sie das eine oder andere mit ins Freizeitprogramm (Theater, Schwimmen etc.). So vertiefen sich die Beziehungen.

---

Spielgefährtinnen und Spielgefährten für das Einzelkind können Frauen auch in Mütterzentren finden. Ob mit Baby, Krabbel-, Kindergarten- oder Schulkind, hier sind Kinder und Frauen gleich welchen Alters immer willkommen. Es lohnt sich, seine Scheu und seine Hemmschwellen zu überwinden und einmal vorbeizuschauen. Für viele Frauen und Kinder wird es nicht das einzige Mal bleiben. Diese Zentren gibt es mittlerweile in den meisten großen Städten, aber auch in kleineren Gemeinden haben die Frauen inzwischen Mütterzentren ins Leben gerufen. Die Adressen stehen im Telefonbuch oder können bei der Gemeinde- beziehungsweise Stadtverwaltung oder der Gleichstellungsstelle erfragt werden.

Die ersten Mütterzentren wurden zu Beginn der achziger Jahre gegründet. Das Konzept hierfür wurde von Mitarbeiterinnen des Deutschen Jugendinstitutes in München entwikkelt. Mit Hilfe engagierter Frauen und Träger – zum Beispiel dem SOS Kinderdorf e. V. und dem deutschen Hausfrauenbund – wurde die Idee in die Praxis umgesetzt. Im Verlaufe der vergangenen zehn Jahre ließen sich immer mehr Frauen von dem Gedanken anstecken. Sie schlossen sich in Gruppen zusammen, suchten Räume, beantragten und bekamen öffentliche Gelder und konnten schließlich viele neue Mütterzentren eröffnen.

Wie der Name sagt, sind Mütterzentren Zentren für Mütter in ihrem Wohngebiet. Hier haben sie die Möglichkeit, andere Frauen und Kinder zu treffen. Die Kinder können miteinander spielen, die Mütter miteinander reden, an einem der angebotenen Kurse teilnehmen oder selbst aktiv werden und ihre speziellen Fähigkeiten in das Zentrum einbringen. Da gibt es Frauen, die Nähkurse, Töpferkurse, Computerkurse, Selbstverteidigungskurse und vieles andere mehr abhalten. Es werden Lesungen und Vorträge organisiert, es gibt Beratungs- und Gesprächsangebote zu den verschiedenen Alltagsproblemen, von Partnerschafts-, Erziehungs- und Steuerproblemen bis zum Umgang mit ÄrztInnen, LehrerInnen und KommunalpolitikerInnen. Manche Frauen treffen sich mit ihren Kindern regelmäßig zu Still-, Baby- oder Krabbelgruppen. Alleinerziehende Mütter haben ihre regelmäßigen Treffs, es gibt einen Notmütterdienst oder eine Babysitterkartei. In manchen Mütterzentren gibt es Cafés, die den ganzen Tag über geöffnet haben und ideal sind für »Neue«, um in den Betrieb hineinzuschnuppern. »Alte« finden hier eine Oase in der Nachbarschaft, in der sie sich entspannen, mit anderen Frauen reden oder auch neue Kontakte knüpfen können. Fast überall gibt es eine regelmäßige Kinderbetreuung. Während die Mütter an einem Kursus teilnehmen, einen Behördengang oder ihre Einkäufe erledigen oder einfach mal in Ruhe einen Kaffee trinken, können die Kinder unter der Obhut einer oder mehrerer anderer Mütter spielen. Für die Kinder ist es eine gute Erfahrung, sich in einer Gruppe von Kindern unterschiedlichen Alters zurechtzufinden. Sie freuen sich, hier neue und alte SpielgefährtInnen zu treffen.

Die Programme der einzelnen Mütterzentren sind unterschiedlich. Der Grund liegt auf der Hand: es wird das gemacht, was die Frauen, die im jeweiligen Mütterzentrum aktiv sind, initiieren – und das sieht natürlich von Ort zu Ort ein wenig anders aus. In dem einen Mütterzentrum gibt es vielleicht eine Computerexpertin, die den anderen Frauen einen Einführungskursus anbieten möchte; in einem anderen ist eine Heilpraktikerin aktiv, die einen Informationsabend über verschiedene Entspannungsmöglichkeiten organisiert; im dritten mag es eine Frau geben, die einen Second-hand-Markt auf die Beine stellt. Die Mütter selbst sind hier die Profis. Sie stellen die Programme zusammen, kraft ihrer eigenen Fähigkeiten und Erfahrungen. Sie organisieren und verantworten als Expertinnen aus der Praxis selbst den Betrieb ihres Zentrums. Sie bestimmen seine Öffnungszeiten, planen die verschiedenen Angebote und führen sie auch selbst durch. In allen Mütterzentren wird versucht, ohne hierarchische Machtstrukturen, ohne Chefin, ohne formalisierte Entscheidungsvorschriften auszukommen. Entscheidungen sollen demokratisch getroffen werden, alle Frauen haben ein Mitspracherecht.

Die Arbeiten, die im Zentrum gemacht werden, sei es der Cafédienst, die Kinderbetreuung, der Computerkurs oder die Lesung, werden bezahlt. Dies gehört zur Grundidee des Mütterzentrums. Je nach Finanzlage des Zentrums gibt es ein einheitliches Honorar von fünf bis zehn Mark pro Stunde. Für viele Frauen ist die Arbeit im Mütterzentrum deshalb eine wertvolle Ergänzung zu ihrer Hausfrauenarbeit. Hier können sie sich einen Nebenverdienst erwerben, erste Schritte zurück ins Berufsleben üben und ihr Selbstbewußtsein auf ganz neue Weise stärken. Vielen wird nach Jahren der Familienarbeit wieder bewußt, daß sie auch außerhalb der Familie etwas leisten können und ihre Fähigkeiten Anerkennung finden.

Vielen Müttern sind vermutlich die Mütterzentren unbekannt. Wie der Alltag dort aussehen kann, soll daher sehr ausführlich die folgende Schilderung einer Mutter über einen ganz normalen Vormittag in einem Münchner Mütterzentrum zeigen: »Zweimal habe ich bereits geklingelt, jetzt wummere ich an die Tür, ein sechsjähriger Zwerg öffnet mir routiniert wie ein Portier, zwei Babies krabbeln mir entgegen, ich steige über Spielzeug in Lieses Arme, die zur freundlichen Begrüßung im zweiten Türrahmen steht. Eigentlich wollte ich ihr ja nur die Hand geben, aber sie muß mich auffangen, und wir lachen. Beim Küßchen rechts, Küßchen links, stelle ich fest, Liese hat heiße Wangen, hat anscheinend Kinderbetreuung heute. Schon ist sie mit einem Satz plötzlich aufs Fenster zugesprungen, um die kleine Kathi abzufangen, die mit ihren knapp zwei Jahren Kletterkünste zwischen Spieltisch und Heizungsballustrade probt.

Die Kinderbetreuerinnen haben es allgemein nicht leicht mit diesen täglich wechselnden Horden von Kindern verschiedensten Alters und verschiedenster Eigenarten. Eine Kindergärtnerin, an altersgleiche, feste Kindergruppen gewöhnt, hätte hier wohl längst das Handtuch geworfen. Auch die meisten Mütter machen die Kinderbetreuung im Zentrum nicht ewig, sondern nur zeitweise. Dauerhaft bleibt ihnen jedoch die Erinnerung, wie schwierig diese Aufgabe ist und wie sehr sie Unterstützung durch die anderen Mütter brauchen. Diese Erfahrung reihum hat allmählich ein Klima geschaffen, in dem Mütter eine ›diensttuende‹ Mutter ihren ganz persönlichen Stil in der Kinderbetreuung entwickeln lassen. Die Zeiten, in den Kindergartenpädagogik erwartet wurde, sind vorbei. Während Mutter Daniela beispielsweise für jeden ›ihrer‹ Kinderbetreuungsvormittage liebevoll Salzteig, Basteln, Kasperlspiel, Ringelreihen oder eine Geschichte vorbereitet als ruhestiftendes Intermezzo im Chaos, hat die heutige Kinderbetreuerin, Liese, eine stoisch-ruhige Haltung zu jeder Turbulenz entwickelt. Sie läßt Toben, Unordnung und Schreien zu und beobachtet mehr, als daß sie bestimmt oder vorschlägt. Liese hat sich bestimmte Regeln aufgestellt, was sie den Kindern an Experimenten durchgehen läßt, wo sie zum Schutz der Kleineren Grenzen zieht und wo sie lenkt und eingreift. Sie beschäftigt sich aktiv nur mit denjenigen, die gerade Schwierigkeiten zeigen, sich ins Freispiel anderer einzuklinken oder sich selbst etwas zu suchen.

Während ich noch am Rande des Kinderzimmers stehe und Liese im Trubel zuschaue, hat sie sich die zwei Jüngsten aus der nun wild schaukelnden Matratzenburg gefischt und sich mit ihnen inmitten des Raumes auf den Teppich gesetzt mit einem Bilderbuch zum Vorlesen. Magnetisch lassen sich die meisten anderen und größeren Kinder von diesem Pol anziehen, scharen sich um Lieses Dreiergruppe: Die Szene im Miniraum (15 Kinder auf 16 Quadratmetern) wird schlagartig ruhiger. Es ist faszinierend, wie Liese dem allgemeinen Toben ohne ein Wort des Verbots die gefährliche Zuspitzung genommen hat. Ich schleiche mich am Rande des Kinderzimmers weiter in die Kaffeestube und schließe die Verbindungstür zwischen beiden Räumen. Vielleicht hat Liese ja eine Weile Erfolg, die Schar in Bann zu halten.

Am Kaffeetisch im nächsten Raum sitzen Frauen dichtgedrängt, teils schon in Zweierreihen. Es riecht einladend nach Kaffee, die Maschine schmurgelt und füllt – viel zu tröpfelnd – eine weitere Kanne ... Am Zweittisch abseits stehen zwei Mütter bei Ellen, unserer Schneiderin; irgend etwas wird gerade kunstvoll abgesteckt und zurechtgezupft. Ein dreijähriges Kind kommt weinend aus dem Spielzimmer zur Mama gerannt, Liese schaut kurz durch die Tür hinterher, die Mama winkt beruhigend, die Tür geht wieder zu, geht wieder auf, wieder zu, es klingelt ständig, mehr Mütter, mehr Kinder quellen in das kleine Zentrum. Ob die neuen Zentrumsräume – dreimal so groß und luftig – noch vor Jahresende fertig werden? ... Langsam geht es auf zwölf zu. Kinder werden angezogen, einzelne Schuhe gesucht, Verabredungen für die nächsten Tage getroffen. Zwei Fünfjährige machen ›Szene‹, sie wollen nicht heim. Margret spielt ›Huckepack‹ mit ihnen, verspricht, sie dürfen wiederkommen, geht mit den zwei Müttern schwatzend langsam dem Ausgang zu. Die Szene ist beendet. Peter, sechs Jahre, mit Ranzen und Turnbeutel von der Schule kommend, um seine Mutter abzuholen, beschließt kurzerhand, daß er über Mittag doch lieber im Zentrum bleiben will. ›Mami soll allein heimgehen!‹ Frau M. ist nämlich da mit ihrem Baby Miriam. Und in Miriam ist Peter verliebt, die will er später heiraten, da ißt er sogar Frau F.s Gemüsesuppe, obwohl er das blöde Grünzeug an sich nicht mag. Und Frau F. hat tatsächlich eine Extraportion für ihn, die sie erübrigen kann. Peters Mutter gibt nach. Sie geht, im Grunde ganz froh, so unversehens eine ruhige Stunde für sich zu haben. Denn Peter ist selbständig genug, später den Weg nach Hause allein zu gehen.

Viele Mütter sputen sich jetzt, heimzukommen fürs Mittagessen der Schulkinder und des Mannes. Edeltraud läßt sich von Frau F., der heutigen Köchin, drei Portionen in eine Tupperdose füllen. Sie hat sie vorbestellt und braucht nun zu Hause nur noch aufzuwärmen. Für die anderen ist es – wie oft – schon reichlich spät. ›Aber mein Haushalt fluppt sowieso schneller, seit ich heraufgehe ins Mütterzentrum und den Druck habe, mich besser zu organisieren‹, sagt Hilde. Und ähnlich scheint es vielen Hausfrauen zu ergehen.«[48]

Natürlich ist der Alltag in einem Mütterzentrum nicht immer rosarote heile Welt. Da gibt es Streitereien zwischen den Kindern und Probleme unter den Müttern, wie sie damit umgehen sollen. Da gibt es auch Konkurrenzgefühle, kleine Neidereien und Sticheleien. Da gibt es aber auch Freundschaften, Solidarität, Spaß miteinander und Vertrauen zueinander. Eine Mütterzentrums-Frau möchte ich noch zu Wort kommen lassen:

»Mein erster Kontakt zum Mütterzentrum ergab sich durch ein Inserat, das ich im Werbespiegel las. Neugierig rief ich dort an und erfuhr, daß ich jederzeit kommen könnte. Ich war überrascht von den vielen Angeboten und der Kinderbetreuung, die immer parallel läuft. Auch daß sich hier alle duzen, empfand ich nach einer ersten Hemmschwelle sofort als angenehm und als die normalste Sache der Welt. Im Mütterzentrum ist jede willkommen und gleichberechtigt. Man kann sich hinsetzen, einen Kaffee trinken, kurze Zeit verweilen, sich unterhalten oder auch bei den vielfältigen Aktivitäten mitmachen. Jede entscheidet selbst, wie lange und wo sie dabei sein will. Das Mütterzentrum als offener Treffpunkt für jede Frau und all die Möglichkeiten, dort etwas zu tun, bildet sozusagen einen Ausgleich zu meiner Wohnsituation (wir wohnen in einer anonymen ›Wohnmaschine‹ aus Beton, als einzige Familie mit Kindern im Block).

Ich komme mehr oder weniger regelmäßig zur Gitarrengruppe und zum Kurs über Vollwertkost, je nachdem, wann ich das Auto zur Verfügung habe (Anfahrt mindestens 10 km). Auch der Flohmarkt macht mir Spaß. Eine Zeitlang habe ich auch Kinderbetreuung gemacht.

Meiner Meinung nach müßte es so ein Mütterzentrum in jedem Stadtteil geben, genau wie es fast in jedem Stadtteil ein Altenpflegezentrum oder Freizeitheim für Jugendliche gibt. Auch die Tatsache, daß nicht jede Muter eine Oma, Tante etc. zur Kinderbetreuung hat, spricht für die Notwendigkeit eines Mütterzentrums. Oft lese ich in Anzeigen: Suche Spielgefährten für mein Kind oder zur gegenseitigen Kinderbetreuung bzw. für gemeinsame Unternehmen. Gesellschaftspolitisch sehe ich das Mütterzentrum als Beitrag zur Aufwertung der Mutter- und Hausfrauentätigkeit.«[49]

Noch gibt es nicht in jedem Ort ein Mütterzentrum. Besonders in ländlichen Gebieten sind sie rar. Aber es gibt in jedem Ort Frauen, die ein Mütterzentrum brauchen und es selbst gründen können. Wie sie das anstellen können, erfahren sie bei den Frauen bereits existierender Mütterzentren und beim Deutschen Jugendinstitut, Abteilung Familie/Familienpolitik, in München (Freibadstraße 30, 8000 München 90). Ein guter Leitfaden für die Gründung und die Konzeptionierung eines Mütterzentrums ist das vom Deutschen Jugendinstitut herausgegebene Buch »Mütter im Zentrum. Mütterzentrum« (siehe Literaturliste im Anhang).

## Urlaubsbekanntschaften

Vorfreude ist die schönste Freude. Stundenlang saßen wir zusammen und schmiedeten Pläne für unseren nächsten Urlaub: Wir wollten mit dem Rad durch Schweden oder Schottland fahren. Jonas paßte noch in seinen Kindersitz, das war also kein Problem. Die Tagesrouten würden wir so bemessen, daß ihm nicht zu viel Stillsitzen zugemutet würde. Zwischendurch würden wir an Seen, in Wäldern oder in kleinen Dörfern Rast machen, schwimmen, spielen, Eis essen gehen und was man sonst noch alles so treiben kann, was groß und klein Spaß macht. Wir steigerten uns immer mehr in diese Vorstellungen hinein, bis mir auf einmal unsere letzte Radtour mit Jonas durchs Elsaß einfiel. Es hatte alles prima geklappt, Jonas und auch uns hatte diese Reise viel Spaß gemacht, für niemanden war sie zu anstrengend oder zu langweilig gewesen. Einen großen Haken aber hatte diese Art des Reisens gehabt: Jonas hatte die ganze Zeit nicht ein Mal Kontakt zu anderen Kindern gehabt. Im Elsaß waren wir nur für fünf Tage gewesen. Unsere nächste Urlaubsreise dagegen sollte immerhin drei Wochen dauern. Mit leisem Bedauern verabschiedeten wir uns von unseren schottisch-schwedischen Radfahrplänen. Denn eines war uns klar: Jeder von uns dreien sollte im Urlaub auf seine Kosten kommen. Drei Wochen ohne Kinder wären für Jonas jedoch keine Freude.

Einzelkindeltern müssen einen Urlaub anders planen als Eltern, die mehrere Kinder haben. Freunde von uns waren im vergangenen Jahr mit ihren zwei Kindern (sechs und sieben Jahre alt) auf einer winzigen schwedischen Insel, auf der nur ein Haus, ihr Ferienhaus nämlich, stand. Für die Familie war das ein einzigartiges Erlebnis. Alle hatten Zeit füreinander, die Kinder konnten sich im Wasser, am Strand und im nahegelegenen Wäldchen völlig ungestört austoben, die Eltern konnten in Ruhe lesen, sich sonnen, faulenzen. Für unsere Familie wäre ein solcher Urlaub unmöglich. Ohne einen Spielgefährten wären Unmut und Langeweile auf Seiten des Kindes vorprogrammiert, auf der Seite der Eltern der Frust, viel zu wenig Zeit für sich zu haben und sich stattdessen beinahe nonstop mit dem Kind beschäftigen zu müssen.

Kinder brauchen Kinder – auch im Urlaub. Für Familien mit nur einem Kind ist das manchmal ganz schön problematisch. Was nützt einem die schönste Ferienwohnung, wenn weit und breit kein anderes Kind ist. Was können sie mit dem tollsten Hotel anfangen, in dem nur Erwachsene ihren Urlaub verbringen? Gerade Eltern, die noch kein Schulkind haben, bevorzugen als Ferienzeit die Vor- und Nachsaison. Zu diesen Zeiten sind aber auch besonders viele Singles und ältere Leute unterwegs. Wir haben im Oktober einmal drei Wochen auf der griechischen Insel Samos in einer bezaubernden kleinen Ferienhaus-Siedlung verbracht. Um uns herum: auschließlich junge Paare ohne Kinder und ein Paar mit einem Baby. Dieselben Leute trafen wir am Strand, Kinderkontakt für Jonas also gleich Null. Wir mußten mit unserem Sohn die Strandburgen und Gräben bauen, mit ihm Ballspielen, Wasserschlachten machen und abends auf der Terrasse Vorlesen, Brettspiele machen und so weiter. Wieviel schöner wäre es gewesen, wenn andere Kinder dort gewesen wären, mit denen er hätte spielen können – für ihn und auch für uns. Denn wenn wir ehrlich sind, müssen wir zugeben, daß wir zwar die Zeit im Urlaub gern dazu nützen, um uns wieder einmal in Ruhe mit unserem Kind zu beschäftigen. Doch genauso wollen wir selbst uns entspannen, mal wieder Muße haben, um unseren eigenen Interessen oder Hobbys nachzugehen und auch die Beziehung zu unserem Partner etwas aufzufrischen. Das alles möchten wir am liebsten nicht zwischen der Sandschaufel, dem Fußball oder dem aufblasbaren Schlauchboot tun.

Kinder müssen also her! Woher die SpielgefährtInnen fürs Kind im Urlaub kommen, gehört zur Reiseplanung ebenso dazu wie die Auswahl des Ortes, der Unterbringung und der Reiseroute.

Wer auf Nummer sicher gehen will, bringt den oder die Spielgefährten schon von zu Hause mit. Dann kann es keine Pannen geben, daß rein zufällig und ganz ausnahmsweise am Urlaubsort weit und breit keine Kinder zum Spielen da sind. Hören Sie sich in Ihrem Freundes- und Bekanntenkreis um, wer wann wohin in Urlaub fahren möchte. Vielleicht lassen sich gleiche Interessen finden, vielleicht lassen Sie sich aber auch von den Ideen der anderen einfach anstecken und geben

Ihr ursprünglich geplantes Reiseziel auf. Beschränken Sie sich bei Ihrer »Umfrage« nicht nur auf Familien oder Alleinerziehende mit einem Kind. Manchmal hat es zwar den Anschein, daß Familien mit mehr als einem Kind lieber unter sich bleiben würden. Sie wirken eher »gesättigt«. Doch der Schein kann trügen. Denn die Erwachsenen haben möglicherweise das Bedürfnis, ihren Urlaub einmal anders zu verbringen und freuen sich über die Aussicht, mit anderen Erwachsenen und Kindern gemeinsam zu verreisen. Denn auch Familien mit mehreren Kindern können von einem gemeinsamen Urlaub profitieren. Die Gesellschaft anderer Erwachsener, mit denen sie gemeinsam etwas unternehmen, sich unterhalten oder sich bei Bedarf in der Kinderbetreuung abwechseln können, kann auch für sie eine Bereicherung sein. Wichtiger als die Anzahl der Kinder ist, ob sich die zukünftigen UrlaubspartnerInnen sympathisch sind, und ob sie in etwa auf der gleichen Wellenlänge hinsichtlich der Kindererziehung liegen. Wenn die Vorstellungen hierüber zu weit auseinanderliegen, ist die Gefahr von Reibereien im Urlaub zu groß. Eltern, die ihr Kind zu einwandfreien Tischmanieren erzogen haben, können es wahrscheinlich nur schwer verkraften, im Urlaub einen kleinen »Dreckspatz« am Tisch zu haben, der den Mund immer zu voll nimmt und sich ständig bekleckert; wer versucht, sein Kind mit möglichst wenig Süßigkeiten über die Runden zu bringen, mag es vielleicht nicht, wenn ein anderes dabei ist, das ständig Gummibärchen futtert; wenn jemand versucht, partnerschaftlich mit seinem Kind umzugehen, kann sie oder er möglicherweise Probleme damit bekommen, wenn die Miturlauber die Kinder sehr autoritär behandeln. Solche und mehr Dinge lohnt es sich vor einem gemeinsamen Urlaub abzuklären.

Wenn eines der Kinder momentan in einer schwierigen Phase ist, sollte auch darüber *vor* dem Urlaub gesprochen werden: daß ein Kind zur Zeit sehr an seinen Eltern klammert oder ein anderes gerade seine Trotz- oder Raufphase durchmacht, sollten die anderen Eltern wissen. Wenn ihnen die Aussicht auf häufige Zankereien zwischen den Kindern die Lust auf den gemeinsamen Urlaub nimmt, haben sie jetzt noch die Möglichkeit auszusteigen. Am Ferienort ist es in aller

Regel zu spät dazu. Sollten alle sich aber einig sein, dennoch zu fahren, ist es gut, darüber zu sprechen, wie sich wer normalerweise in welchen Situationen verhält. Gerade bei Raufereien gibt es ja die unterschiedlichsten Ansichten auf Seiten der Erwachsenen: die einen tendieren dazu, sich möglichst rauszuhalten, die anderen, die Kampfhähne sofort zu trennen, die dritten werden sauer auf den »Aggressor«/die »Aggressorin«, die vierten bekommen ein schlechtes Gewissen wegen des »schlechten Benehmens« ihres Kindes. Schon so mancher gemeinsamer Urlaub wurde zu einer Zitterpartie, weil in diesen Punkten zu wenig Übereinstimmung zwischen den Eltern geherrscht hat. Natürlich lassen sich im Vorfeld nicht alle Eventualitäten abklären. Doch so manches läßt sich vorher besprechen und führt zu einem ungezwungeneren Miteinander auch in späteren stressigen Situationen.

In diesem »Urlaubsvorbereitungsgespräch« sollte auf jeden Fall auch darüber geredet werden, inwieweit die einzelnen Parteien tatsächlich ein Miteinander am Urlaubsort wollen. Selbst wenn eine gemeinsame Ferienwohnung genommen wird oder die Zelte auf demselben Campingplatz aufgebaut werden, muß das ja noch lange nicht heißen, daß immer alle alles zusammen machen. Darüber kann jede/r verschiedene Vorstellungen haben. Es lohnt sich, diese vorher auszuloten, damit es hinterher bei niemandem eine Enttäuschung gibt.

Bisher war nur von den Erwachsenen, weniger von den Kindern, die ja schließlich auch gemeinsam in Urlaub fahren sollen, die Rede. Es sollte sich von selbst verstehen, daß Kinder, die vom Alter her in der Lage sind, ihre Vor- und Abneigungen gegenüber bestimmten Personen zu äußern, ebenfalls ein Mitspracherecht haben. Wenn sie ein Kind partout nicht leiden können, sollten die Eltern es nicht zwingen, mit ihm zu verreisen. Jüngere Kinder können sich diesbezüglich noch nicht so artikulieren oder haben auch noch nicht so deutliche Präferenzen. Die Eltern sollten sich seelisch und moralisch darauf vorbereiten, daß sie zwar meinen, einen Spielgefährten für ihr Kind dabei zu haben, daß dieser am Ende aber gar keiner ist.

Die Journalistin Regine Schneider beschreibt eine solche Erfahrung: »Erster Urlaub mit Baby. Selma ist knuddelige neun Monate alt. Freundin Cornelia hat eine gleichaltrige Tochter, Thula. Was liegt da näher, als gemeinsam zu verreisen? Wir haben ein Ferienhaus an der Algarve gemietet. Und während wir noch im Flugzeug auf den Start warten, tauchen Urlaubsbilder vor uns auf: wolkenloser Sonnenhimmel, die kleinen Freundinnen spielen einträchtig miteinander auf der Krabbeldecke, wir faulenzen auf einer Sonnenliege ... Lucilia, die fröhliche rundliche Portugiesin, empfängt uns und läßt einen portugiesischen Wortschwall auf die Babys los. Selma und Thula strahlen. Prima, jetzt geht die Erholung los. ›Los, ihr zwei, den Sonnenhut auf und Lichtschutzfaktor 15 auf die weiße Babyhaut. Und ab unter den Sonnenschirm, jetzt könnt ihr zusammen spielen.‹ Ich übernehme die erste Runde.

Doch während ich mich bemühe, zum Spiel mit den neuen Förmchen anzuregen, krabbelt Selma auf den Swimmingpool zu. Thula mustert mißbilligend ihre auf der Sonnenliege ausgestreckte Mutter. Sie stößt ein zorniges ›gi gi gi‹ aus, das in Gekreisch übergeht. ›Also gut‹, seufzt Cornelia, ›leg du dich hin‹. Auch mich packt die Unruhe. Cornelia ist überfordert damit, ihre Tochter bei Laune zu halten und gleichzeitig zu verhindern, daß meine sich um Kopf und Kragen krabbelt.

Nach dem Mittagsschlaf der nächste Versuch. Thula blickt schon so düster, daß Cornelia gleich mit auf die Krabbeldecke geht. Selma zieht es an den Pool, und Thula stopft sich den Mund voller Kieselsteine ...

Am nächsten Tag ist Strand angesagt. Die Babys setzen wir vor Eimer und Förmchen. ›Los, ihr zwei, spielt doch mal zusammen.‹ Thula zerrt fröhlich an Selmas Sonnenhut, grapscht nach ihrer Schaufel. Als Thula ihr auch noch ein Förmchen raubt, ist es aus. Kreisch. Und wir stellen fest, daß die zwei wohl noch zu klein sind, um miteinander zu spielen.«[50]

Die Wahrscheinlichkeit, daß eine solche Situation (die nur noch mit Galgenhumor und viel Phantasie gerettet werden kann) eintritt, ist zwar bei so jungen Kindern höher, passieren kann so etwas ähnliches aber auch, wenn die Kinder schon älter sind. Deshalb ist es gut, nicht nur darauf zu achten, ob die Eltern zusammenpassen, sondern auch, ob dies bei den Kindern der Fall ist!

Wer keine Urlaubsgefährten findet oder finden möchte, kann an einen Ort fahren, an dem die Wahrscheinlichkeit sehr hoch ist, daß das Kind dort SpielpartnerInnen hat. Auf einen *Campingplatz* zum Beispiel. Wem es eine Horrorvision ist, auf einem riesigen, in Parzellen aufgeteilten Areal, eingepfercht zwischen Wohnwagen und Kiosk seine kostbaren Ferien verbringen zu müssen, dem sei gesagt: es gibt auch andere Zeltplätze, ohne Massenbetrieb, ohne Dauercamper mit TV-Anschluß, ohne Supermarkt und Disco. Sie werden manchmal als Geheimtip gehandelt. Rumfragen lohnt sich deshalb. Aber auch die offiziellen Campingführer, die in Buchhandlungen erhältlich sind, geben Aufschluß über die Art des Zeltplatzes. Kinder finden sich hier jedenfalls immer. Und die Wahrscheinlichkeit, daß zwischen den Kindern eine dauerhafte Urlaubsbekanntschaft entsteht, ist sehr hoch.

Eine andere Alternative sind *Ferien auf dem Bauernhof*. Immer mehr UrlauberInnen nehmen Jahr für Jahr dieses Angebot von immer mehr Landwirten in Anspruch. Vorwiegend verbringen junge Familien mit Kindern ihre Ferien hier. Für die jüngeren Familienmitglieder sind besonders die Höfe mit Tierhaltung attraktiv. Wenn sie beim Melken, Stallausmisten, Pferdestriegeln oder Treckerfahren zuschauen oder (meistens) auch mitmachen dürfen, lassen sich schnell Kontakte knüpfen, und die Ferienlaune bei Kindern und Eltern steigt. Die Adressen mit den Beschreibungen der einzelnen Höfe sind im Katalog »Freizeit auf dem Bauernhof« zusammengestellt. Er ist über den Buchhandel erhältlich und kostet 10 Mark.

Für Alleinerziehende mit Kind könnte es interessant sein, sich über die *gemeinnützigen Familienferienstätten*, die mit öffentlichen Mitteln gefördert werden, zu informieren. Ebenso wie kinderreiche Familien und Familien mit behinderten Kindern werden sie hier bevorzugt berücksichtigt. Vor und nach der Hauptferienzeit haben auch Familien mit nicht schulpflichtigen Kindern, Familien mit wenigen Kindern, einzelne Ehepaare und sogar Einzelpersonen die Möglichkeit dort Urlaub zu machen. Die meisten dieser Ferienstätten liegen in ausgesprochenen Erholungsgebieten, im Grünen oder auch am Wasser – allerdings oft recht weit von der nächsten Stadt entfernt. Es gibt Heime mit Vollpension und Feriendörfer, in denen sich die Gäste selbst verpflegen. Der Standard in den einzelnen Häusern ist recht unterschiedlich. In vielen Heimen gibt es geschulte Kräfte, die die Kinder betreuen. Säuglinge können auch mitgebracht werden. Die Ferienstätten sind vor allem für Familien mit geringerem Einkommen gedacht. Deshalb ist der Aufenthalt dort preiswert. Mehr als hundert gemeinnützige Organistionen sind die Träger dieser Familienstätten. Sie haben sich in drei Arbeitskreisen zusammengeschlossen, bei denen man auch Prospekte und Informationsmaterial bekommen kann: Evangelischer Arbeitskreis für Familienerholung, Katholischer Arbeitskreis für Familienerholung und Paritätischer Arbeitskreis für Familienerholung (Adressen siehe Anhang). Daß zwei der Arbeitskreise konfessionell ausgerichtet sind, besagt nichts über die Zusammensetzung der Feriengäste. Die gemeinnützigen Ferienstätten stehen grundsätzlich sämtlichen Familien offen.

Auch das Tourismusgewerbe hat mittlerweile die Familie als Kunden entdeckt. Verschiedene *Reiseunternehmen* haben spezielle *Angebote für Eltern mit Kind* im Programm. Hier wird besonderer Wert auf familienfreundliche Orte und Häuser, auf Kinderbetreuungsmöglichkeiten, spezielle Kinderprogramme und vieles mehr gelegt. Die Reisebüros können hier weiterhelfen.

Eine bunte Palette von *Eltern-Kind-Reisen* bietet der gemeinnützige Veranstalter VAMOS e. V. an. Die InitiatorInnen schildern die Entstehungsgeschichte ihres Vereins so: »Da wir selbst Kinder haben, wissen wir aus eigener Erfahrung, wie anstrengend und manchmal auch ein wenig nervig ein Urlaub allein mit Kindern sein kann. Damit Eltern und Kinder mehr von ihrem Urlaub haben, haben wir uns in den letzten Jahren auf Eltern-Kind-Reisen für Familien und Alleinerziehende mit Kindern spezialisiert. Bei der Gestaltung dieser neuen Art des gemeinsamen Verreisens gehen wir davon aus, welche Bedürfnisse Eltern und Kinder im Urlaub haben. Typisch für jede VAMOS-Reise ist: Wir verreisen mit kinderfreundlichen Nichtraucherbussen, die für jede Fahrt eine besondere Ausstattung (z. B. Liegewiese, Tische, Spielmaterial) bekommen oder mit Liegewagen der Bahn. Unsere Ziele liegen abseits des

Massentourismus in schönen, unzerstörten Naturlandschaften. Wir wählen nur kleine Familienpensionen, Ferienwohnungen und Campingplätze aus, die wir selbst kennen und die unseren Kriterien ›kinder- und familienfreundlich‹ entsprechen. Jede Reise wird durch ein engagiertes VAMOS-Team begleitet: zwei qualifizierte KinderbetreuerInnen und eine kompetente Reiseleitung. An fünf Tagen in der Woche bieten wir eine vierstündige, ›naturnahe‹ Kinderbetreuung an, die an den Bedürfnissen der Kinder orientiert ist. Wir bemühen uns um einen sozial- und umweltverantwortlichen Tourismus und bitten unsere Gäste und Gastgeber um Mitwirkung«. Wen diese Selbstbeschreibung neugierig gemacht hat, kann beim Verein (Adresse siehe Anhang) das »Reisebilderbuch« anfordern, in dem alle Programme ausführlich beschrieben werden.

*Familienreisen* bietet außerdem das *Deutsche Jugendherbergswerk* an. Die Auswahlmöglichkeiten sind groß: Radfahren an der Porta Westfalica, Bergwandern im Hochgebirge, »Märchenhaftes« auf einer Burg, Judo, Drachenbauen oder Musizieren, die verschiedenen Freizeiten haben unterschiedliche Schwerpunkte. Informationen gibt es beim Deutschen Jugendherbergswerk (Adresse siehe Anhang).

Der Verband bietet zudem *Ferienreisen nur für Kinder* an. Auch das ist, wenn das Kind Lust hat und alt genug ist, eine gute Möglichkeit, ihm einen Urlaub mit Kindern zu bieten. Auch die kommunalen ortsansässigen Jugendzentren, Sportvereine, Kirchen, Familienbildungsstätten, der Stadt- oder Kreisjugendring und viele andere Organisationen mehr bieten solche *Kinder- und Jugendfreizeiten* an. Wohin die Reise geht, wie lange sie dauert, welche Altersgruppen mitfahren können, ist unterschiedlich. Wenn das Kind selbständig genug ist, eine solche Reise ohne die Eltern mitzumachen, lohnt es sich, sich umzuhören, welche Angebote es am Wohnort gibt.

# Zwei gegen einen

»Das Kind spielt Euch doch gegeneinander aus«, meinte meine Mutter kritisch, als Jonas nach einer Auseinandersetzung mit mir bei seinem Vater Trost suchte und ihn auch fand. »Das geht doch nicht. Ihr müßt ihm doch zeigen, daß Ihr einer Meinung seid. Wenn Du mit ihm schimpfst, kann Achim ihn doch nicht trösten.« Ich wurde nach dieser Maxime erzogen und mit mir Scharen von Kindern in anderen Familien: Eltern dürfen sich nicht gegeneinander ausspielen lassen, sie müssen dem Kind gegenüber die gleiche Meinung vertreten, sie müssen an einem Strang ziehen – so und ähnlich lauten die Erziehungsregeln, nach denen in vielen Familien gehandelt wird. Begründet wird diese Richtlinie meist mit der Notwendigkeit, daß beide Eltern dem Kind gegenüber »konsequent« auftreten müßten. Für ein Einzelkind ist eine solche Frontstellung zweier Erwachsener gegenüber einem Kind besonders schwer zu ertragen. Es hat keinerlei Partner, mit denen es sich im Konfliktfall oder bei Meinungsverschiedenheiten verbünden kann. Von vielen professionellen Beraterinnen und Beratern wird diese Haltung deshalb auch abgelehnt. Thomas Gordon beispielsweise, der vor zwanzig Jahren das viel gelesene Buch »Familienkonferenz« veröffentlichte (siehe Literaturliste im Anhang) meint dazu: »Der Rat, konsequent zu sein, hat manche Mutter und manchen Vater zu dem Glauben geführt, daß sie sich in ihren Empfindungen immer einig sein und ihren Kindern eine geschlossene elterliche Front darbieten müßten. Das ist Unsinn. Und doch stellt es eine der am tiefsten verwurzelten Überzeugungen in der Kindererziehung dar. Dieser traditionellen Vorstellung zufolge sollten Eltern einander immer den Rücken stärken, damit das Kind veranlaßt wird zu glauben, daß beide Eltern im Hinblick auf ein bestimmtes Verhalten das gleiche empfinden.

Abgesehen von der unerhörten Unfairneß dieser Strategie – sich in einem Zwei-gegen-einen-Bündnis gegen das Kind zusammenzuschließen –, führt es oft zur ›Unwirklichkeit‹ bei einem Elternteil.«[51]

Zwei Situationen, die wir mit unserem Sohn erlebt haben:

Samstagnachmittag, draußen scheint die Sonne. Wir sitzen bei Kaffee und Kuchen, als Jonas darum bittet, fernsehen zu dürfen. Ich bin damit nicht einverstanden, denn das Wetter ist schön und ich sähe es lieber, wenn er draußen mit anderen Kindern spielen würde. Außerdem habe ich nach wie vor Vorbehalte gegenüber der Freizeitbeschäftigung Fernsehen. Achim schaut mit Jonas ins Fernsehprogramm und sieht, daß in einer halben Stunde eine Natursendung läuft, die ihn auch interessieren würde. Spielt Jonas uns gegeneinander aus, wohl wissend, wie beim Thema Fernsehen in unserer Familie die »Fronten« verlaufen? Man könnte meinen, ja, denn das Ende vom Lied ist, daß er eine halbe Stunde später gemeinsam mit seinem Vater vor dem Fernseher sitzt.

Situation zwei: Freitagabend. Jonas fragt nach dem Abendessen: »Darf ich heute mal bei euch im Bett schlafen?« Achim verneint kategorisch und erklärt, daß ihm das zu unbequem sei, er nicht genügend Platz zum Schlafen habe etc. Jonas läßt noch nicht locker und bohrt bei mir noch mal nach: »Mami, hast du denn 'was dagegen, wenn ich bei euch im Bett schlafe?« Ich habe zwar nichts dagegen und sage ihm auch, daß es mich heute nicht stören würde. Den Platz im Bett kann er trotzdem nicht bekommen, da es ja *unser* Bett ist, und es deshalb ausreicht, wenn einer von uns sich gestört fühlt.

In beiden Situationen waren Achim und ich unterschiedlicher Meinung und haben sie auch dem Kind gegenüber zum Ausdruck gebracht. In der ersten Situation waren Kind und Vater einer Meinung, in der zweiten Kind und Mutter. Es gab unterschiedliche Koalitionen und unterschiedliche Lösungen. Die Diplom-Psychologin Christa Kannheiser-Bourée meint dazu: »Das Kind kann ruhig sehen, daß die Eltern zwei unterschiedliche Personen sind, die verschiedene Meinungen haben und die Dinge unterschiedlich sehen. Es lernt dabei, daß es verschiedene Sichtweisen, verschiedene Wahrheiten gibt. Wenn jedes Elternteil klar sagt, wie er oder sie die Situation einschätzt, ohne die Meinung des anderen abzuwerten, ist das für das Kind besser, als es in der Illusion zu lassen, Mutter und Vater würden in allem eine unverbrüchliche Einheit bilden.«

Zwei Beispiele, die Thomas Gordon in seinem Buch anführt:

»Meistens wird das Zimmer eines sechzehnjährigen Mädchens nicht so sauber gehalten, daß es den Ansprüchen der Mutter genügt. Die Putzgewohnheiten dieser Tochter sind für die Mutter unannehmbar ... Ihr Vater aber findet das Zimmer annehmbar sauber und aufgeräumt ... Die Mutter setzt den Vater unter Druck, damit er in bezug auf das Zimmer ihre Ansicht teilt und sie eine geschlossene Front bilden können (und somit mehr Einfluß auf ihre Tochter ausüben).«[52]

»Ein sechsjähriger Junge spielt mit seinem Lastauto und veranstaltet mehr Lärm, als sein Vater akzeptieren kann. Die Mutter jedoch stört es überhaupt nicht. Sie ist begeistert, daß ihr Kind für sich spielt, anstatt ihr, wie den ganzen Tag, nachzulaufen. Der Vater wendet sich an die Mutter: ›Warum tust du nichts, damit er mit diesem Lärm aufhört?‹«[53] Gordon vertritt die Ansicht, daß der Vater und im zweiten Fall die Mutter unaufrichtig gegenüber ihren wirklichen Empfindungen wären, wenn sie der Aufforderung des anderen Elternteils, Druck auf das Kind auszuüben, nachkämen. Heraus käme dabei Heuchelei auf der Seite des Elternteils, der sich nicht gestört fühlt durch das Verhalten des Kindes.

Vater und Mutter sind zwei Menschen, die sich voneinander unterscheiden. Sie sind nicht immer einer Meinung und müssen das ihrem Kind auch nicht vorspielen. Wenn ich der »Einheitsfront« zuliebe so tue, als ob ich mich der Meinung meines Mannes anschließe, mache ich meinem Kind etwas vor. Aller Wahrscheinlichkeit nach würde ich mich dabei durch meinen Tonfall, durch meine Mimik oder Gestik verraten. Christa Kannheiser-Bourée: »Das Kind empfängt in einem solchen Fall eine Doppelbotschaft, die es verwirrt. Es spürt, daß das, was gesagt wird, sich von den tatsächlichen Empfindungen unterscheidet.« Solche widersprüchlichen Botschaften, in denen das Gesagte von den wirklichen Empfindungen abweicht (und dafür haben Kinder sehr feine Antennen!), schaffen auf Dauer eine Atmosphäre der Verstellung und Unwahrhaftigkeit, die Mißtrauen erzeugt. Das Kind kann seinen Eltern nicht vertrauen, wenn es spürt, daß sie sich ihm gegenüber unaufrichtig verhalten.

Nicht nur in Einzelkindfamilien, auch in größeren Familien, ist es also besser, wenn die Koalitionen nicht aufgrund eines falsch verstandenen Einheitsgedankens zwischen den Eltern auf der einen Seite und dem Kind oder den Kindern auf der anderen Seite gebildet werden, sondern sich aus der jeweiligen Sichtweise und der jeweiligen Situation von selbst ergeben. Da kann es dann passieren, daß Mutter und Kind anderer Meinung sind als der Vater, daß Vater und Kind derselben Ansicht sind und die Mutter mit ihren Vorstellungen allein dasteht, daß die Eltern in ihrer Sichtweise übereinstimmen und das Kind davon abweicht, oder auch daß alle Beteiligten eine eigene, von den anderen unterschiedliche Meinung haben. Wenn in einer Familie so aufrichtig miteinander umgegangen wird, löst sich der alte Vorbehalt gegenüber dem »armen Einzelkind« von selbst auf, »daß es ja immer allein den Eltern gegenübersteht und niemanden hat, der zu ihm hält, wenn es mal Probleme gibt.« Zwei gegen einen, das gibt es nicht in der immergleichen Version Eltern gegen Kind, wenn alle ihre Empfindungen ehrlich äußern und danach handeln.

Nur: Wie ist es möglich, ein Problem zu lösen, wenn die Eltern sich *nicht* einig sind? Wer gibt denn dann nach? Wer gewinnt, wer verliert? Es scheint um vieles leichter zu sein, wenn beide Elternteile einer Meinung sind. Um das Beispiel Fernsehen zu nehmen, das ich oben bereits angeführt habe, könnte in einem solchen Fall einfach ein Fernseh-Verbot ausgesprochen werden und der Fall wäre erledigt. Wir wissen aber alle aus eigener Erfahrung, daß das Problem damit in aller Regel nicht beseitigt ist. Im Gegenteil: in den meisten Familien würde es jetzt erst richtig losgehen. Das Kind würde – je nach Situation und Familienatmosphäre – bitten, betteln, quengeln, schimpfen, beleidigt davonziehen, Türen knallen oder sich irgendwelche Störungen einfallen lassen. Kurz: es entstünde ein Machtkampf zwischen den Eltern und dem Kind, in dem entweder die Eltern die Sieger bleiben (indem sie bei ihrem Verbot bleiben) oder aus dem letztendlich vielleicht doch das Kind als Sieger hervorgeht (indem die Eltern einen Rückzieher machen und es »um des lieben Friedens willen« doch fernsehen lassen). Wie dieser Kampf ausgeht, hängt von der Erziehungsmethode ab, derer die Eltern sich bedienen.

Wenn sie autoritär entscheiden, sind sie es, die bestimmen und das Kind hat zu gehorchen. Wenn sie sehr nachgiebig sind und Angst davor haben, es durch Erziehungsmaßnahmen einzuengen, wird vielleicht das Kind gewinnen. In Anlehnung an Thomas Gordon charakterisiert Thomas von Kürthy diese beiden Erziehungsmethoden so:

»Autoritäre Erziehungsmethoden, bei denen die Eltern über die Kinder herrschen, gehören zwar nicht ganz der Vergangenheit an, doch wo sie noch praktiziert werden, genügen sie den Anforderungen unserer Zeit nicht mehr. Mit einer strengen Erziehung können Eltern sich ihre Aufgabe zumindest bis zur Pubertät ziemlich leicht machen: durch Strafe und Gehorsam werden Erziehungsprobleme vereinfacht und erwünschte Verhaltensweisen erzwungen. Ein weltoffener freier Charakter, der in der Lage ist, in einer mobilen Gesellschaft seinen Weg zu finden, ohne sich duckmäuserisch zu verhalten oder auf ›patzige‹ Weise überzukompensieren, ist mit dieser Methode nicht erreichbar. Thomas Gordon nennt sie die Methode eins: Die Eltern siegen, das Kind unterliegt. Besonders einem Einzelkind gegenüber ist es leicht zu siegen. Es hat keine ›Koalitionspartner‹ und ist dem Druck der Eltern schutzlos ausgeliefert.

Auch die Methode zwei ist heute keineswegs selten: Das Kind siegt. Viele Eltern sind, was die Erziehung ihrer Kinder anbelangt, sehr verunsichert, haben alle möglichen Theorien gelesen und wissen nicht, was eine gute Erziehung ist. Daß auch ein Fachmann sich mit diesem Begriff schwertut, ist für sie kein Trost. Eine unsichere Haltung führt zu inkonsequenter Erziehung, die zwischen guten Vorsätzen und schlechtem Gewissen hin und her schwankt. Kinder erkennen diese Unsicherheit der Eltern sehr bald und nutzen sie aus. So werden die Eltern in die Defensive getrieben.

Wenn sie meinen, ihren Kindern Schaden zuzufügen, sie zu frustrieren oder Regressionserscheinungen zu verursachen, falls sie sich ihnen gegenüber durchsetzen, so werden die Kinder ihre Freiräume ständig erweitern – auf Kosten der Eltern und zu ihrem eigenen seelischen Nachteil.«[54]

Gerade die Eltern *eines* Kindes können leichter in die Gefahr kommen, sich einer dieser beiden Methoden zu bedienen. Der Widerstand, den dieses eine Kind gegen die autoritäre Haltung zweier miteinander verbündeter Erwachsener aufbieten kann, kann leichter niedergebügelt werden, als wenn mehrere Kinder ihre Kräfte bündeln und sich gegen die herrische Haltung ihrer Eltern auflehnen. Das andere Extrem, die immer nachgiebige Haltung, können die Eltern eines Einzelkindes sich vielleicht gerade noch leisten. Wenn sie mehrere Kinder haben, spüren sie bald selbst, daß sie in ihren eigenen Wünschen und Bedürfnissen dabei auf Dauer zu kurz kommen. Thomas von Kürthy hält beide Methoden für ein erzieherisches Fehlverhalten.[55] Wie Thomas Gordon hält auch er die sogenannte Methode drei, die »niederlage-lose Methode«, für die günstigste.

## Oder: Keine Sieger, keine Verlierer

Wenn Eltern die Erziehungsmaxime, ihrem Kind gegenüber immer eine Front bilden zu müssen, über Bord geworfen haben, müssen sie sich zwangsläufig nach einer anderen Methode umsehen. Die erste, die autoritäre Methode, wird nicht mehr funktionieren, da im Falle einer Koalition zwischen einem Elternteil und dem Kind, der andere Elternteil vernünftigerweise nicht mehr bestimmend auftreten kann. Ich kann schließlich nicht meinem Mann und meinem Sohn das Fernsehen *verbieten*.

Die zweite Methode, bei der das Kind als häufiger Sieger aus den Machtkämpfen mit den Eltern hervorgeht, wird nicht mehr angewendet werden, weil die Eltern jetzt auch auf ihre eigenen Bedürfnisse achten, sie dem Kind gegenüber ehrlich zum Ausdruck bringen und möchten, daß sie auch geachtet werden.

Thomas Gordon hält die »Sieg-Niederlage«-Orientierung vieler Eltern für die eigentliche Wurzel ihres Dilemmas: »Die meisten Eltern sehen das ganze Problem der Disziplin in der Kindererziehung als die Frage, streng oder nachsichtig, autoritär oder nachgiebig zu sein. Weil sie auf diese Entweder-Oder-Einstellung zur Disziplin fixiert sind, betrachten sie die

Beziehung zu ihren Kindern als einen Machtkampf, einen Wettstreit der Willen, eine Auseinandersetzung, um zu sehen, wer siegt – als einen Krieg. Die heutigen Eltern und ihre Kinder liegen also im Krieg miteinander, jeder denkt in dem Sinn, daß einer siegt und einer unterliegt. Sie sprechen über ihren Kampf sogar auf ziemlich die gleiche Weise wie zwei im Krieg befindliche Nationen: ein Vater machte das in einem Kursus sehr deutlich als er feststellte: ›Man muß früh damit beginnen, sie wissen zu lassen, wer der Herr ist. Sonst nutzen sie einen aus und beherrschen einen. Das ist die Schwierigkeit mit meiner Frau – stets endet es damit, daß sie die Kinder in jedem Kampf siegen läßt. Sie gibt immer nach, und die Kinder wissen das.‹ Die Mutter eines Teenagers drückt es auf ihre Weise aus: ›Ich versuche mein Kind tun zu lassen, was es will, aber dann bin ich gewöhnlich die Leidtragende. Auf mir wird herumgetrampelt. Man gibt ihm den kleinen Finger, und es nimmt die ganze Hand.‹«[56]

Wenn wir uns von dem Gedanken lösen können, daß es in einem Konfliktfall immer Sieger und Verlierer geben muß, kommen wir zur dritten Methode, bei der keiner der Beteiligten eine Niederlage erfahren muß, weil keiner über den anderen gesiegt hat. Es ist dieselbe Methode, die Erwachsene untereinander sehr häufig benützen, wenn sie unterschiedlicher Ansicht sind und ihre Interessen auseinandergehen: Sie setzen sich zusammen, hören einander zu und überlegen *gemeinsam,* wie sie das anstehende Problem lösen können. Häufig werden dann *gemeinsam* Regeln aufgestellt, und alle Beteiligten versprechen, sich daran zu halten. Sowohl im Geschäftsleben als auch im Privatleben sind auf diese Weise gewonnene Übereinkünfte selbstverständlich geworden. Autokratische Entscheidungen von Chefs sind out – die demokratische Mitwirkung der Betroffenen wird allenthalben als der neue Führungsstil gepriesen. Wir alle wissen, daß wir sehr viel motivierter sind, wenn wir bei der Lösung eines Problems mitwirken konnten, als wenn uns jemand eine fertige »Lösung« – in der Regel ist dann das die des anderen, nicht die eigene – vorsetzt. Im Privatleben wäre das auch gar nicht praktibal. Bei Problemen mit dem Partner etwa kann eine Lösung nur gefunden werden, indem beide sich Gedanken darüber machen. Wenn er fernsehen und sie sich im selben Zimmer eine Schallplatte anhören möchte, ist es in den meisten Partnerschaften wohl selbstverständlich, daß nicht einer von beiden »befiehlt«, was jetzt gemacht wird. Es wird wohl in der Regel ein Kompromiß gefunden, zu dem beide ihren Teil beigetragen haben.

Dieselben demokratischen Spielregeln, die wir aus dem Erwachsenenleben alle ziemlich gut kennen, machen die »niederlage-lose« Erziehungsmethode aus. Voraussetzung ist, daß die Eltern gewillt sind, ihre Macht zu *teilen*, daß also Erwachsene und Kinder *gemeinsam* die Regeln festsetzen, nach denen sich das Familienleben abspielen soll.

Für mich ist es eine Erleichterung, nicht alle Probleme, die das Kind hat oder verursacht, allein (oder mit meinem Mann) lösen zu müssen. Es entlastet uns Eltern, wenn auch unser Kind mitdenkt und mitredet. Wir müssen dazu aber bereit sein, zuzugeben, daß es immer mehrere Gesichtspunkte gibt, daß unsere Sichtweise nicht die einzig richtige ist und daß auch ein Kind ein Recht auf seine eigene Sicht der Dinge hat – die oft auch nicht schlechter ist als unsere eigene! Es ist oft überraschend, wie differenziert und überlegt schon kleinere Kinder Situationen analysieren. Es »lohnt« sich in jedem Fall, sich bei Meinungsunterschieden auch auf das Kind einzulassen. Das Kind lernt dadurch, eine eigene Meinung zu entwikkeln und zu begründen, die Eltern lernen ihr Kind zu respektieren und bekommen oft auch neue Anregungen. Jedes Familienmitglied ist eine individuelle, von den anderen unabhängige Persönlichkeit mit eigenen Vorstellungen und Bedürfnissen. Alle haben ein Recht darauf, von den anderen angehört zu werden und ihre Argumente in die Waagschale werfen zu dürfen. Kinder sind nicht das Eigentum ihrer Eltern, mit dem sie tun und lassen können, was sie wollen. Sie gehören in erster Linie sich selbst, und sie haben ein Recht auf eigene Gefühle. Wir sollten sie nicht in erster Linie als Objekte betrachten, die wir beeinflussen müssen, sondern als eigenständige Persönlichkeiten. Die gleiche Achtung, die wir unserem Partner, unseren Freunden oder auch unseren ArbeitskollegInnen entgegenbringen, sollte auch in unserer Einstellung und unserem Verhalten unseren Kindern gegenüber spürbar sein.

**Die Vorteile eines demokratischen Miteinanders in der Familie, bei dem Frontenbildungen überflüssig werden, sind:**

* Das Kind ist motiviert, sich an Beschlüsse und Regeln zu halten, weil es sie vorher mitbestimmt hat.
* Die Kinder werden zum selbständigen Denken und Handeln angeregt.
* Machtkämpfe werden seltener, die Familienatmosphäre besser.
* Das Einzelkind wird nicht von der elterlichen Übermacht überrannt.

## Blitzableiter gesucht

Trotz aller guter Vorsätze gibt es in jeder Partnerschaft, in jeder Familie, Momente, in denen die Fetzen fliegen. Da denkt niemand mehr an Demokratie, manchmal sogar nicht mehr an Achtung vor dem anderen, da ist man einfach so stocksauer, daß nichts anderes zählt. In gewissem Maße kann jede Partnerschaft das auch ganz gut verkraften. Solche Szenen werden nicht immer durch Streitereien oder Konflikte ausgelöst. Manchmal hat die Ursache gar nichts mit den übrigen Familienmitgliedern zu tun, sondern einfach mit der schlechten Verfassung eines/einer einzelnen. Ich bin nervös, weil ich in einer Woche den Abgabetermin für einen Artikel oder ein Buch habe und weiß, daß ich in Zeitdruck bin. Mein Mann hat einen Virus in einem seiner Computerprogramme entdeckt, und es nervt ihn, so viel Zeit darauf verwenden zu müssen, ihn unschädlich zu machen. Unser Sohn hatte eine Hausaufgabe vergessen, seine Lehrerin hat das beanstandet, und er ist sauer auf sich selbst. Solche Auslöser können für schlechte Laune sorgen und uns, wenn nur noch ein, zwei andere Sachen hinzukommen, außer Kontrolle geraten lassen. Dann bekommt jeweils die restliche Familie unsere schlechte Laune ab. Uns ist allen klar, daß das nicht in Ordnung ist, daß es besser wäre, seine Lieben rechtzeitig zu warnen (»Laßt mich jetzt lieber mal in Ruhe«, oder ähnliches), und doch passiert es uns ab und zu.

Geschwisterkinder können in solchen Fällen relativ gefahrlos ihre Schwestern oder Brüder als Blitzableiter hernehmen. Ärger mit Freunden, Schulstreß oder Frust können hier abgeladen werden, nicht selten in der Art, daß ein Streit vom Zaun gebrochen wird, bei dem der angestaute Ärger rausgelassen werden kann. Armes Einzelkind, das diese Möglichkeit nicht hat? Freunden gegenüber nehmen sich die meisten doch mehr zusammen. Sie könnten sich zurückziehen, und das will man ja nun auch nicht. Bei wem kann das Einzelkind also mal so richtig Dampf ablassen?

»Markus kommt manchmal so richtig aufgeladen von der Schule nach Hause«, erzählt eine Mutter. »Ich habe den Tisch gedeckt, das Essen ist fertig. Und dann reicht manchmal die kleinste Kleinigkeit aus und er macht ein Mordstheater; knatscht rum, sagt, daß alles bescheuert sei, daß Schule doof sei und Hausarbeiten sowieso. Er nörgelt am Essen herum oder findet sonst irgend etwas, mit dem er mich provozieren kann. Mit anderen Worten: Er läßt bei mir so richtig seine schlechte Laune ›raushängen‹.« Im Gespräch erzählen die Eltern, daß sie sich darauf geeinigt haben, ihm diese Möglichkeit zu lassen. »Wo, wenn nicht zu Hause, sollte er denn sonst Dampf ablassen können?« Die Eltern stellen sich ihrem Sohn also als Blitzableiter zur Verfügung. »Wenn uns das zuviel wird, oder er in seinen Provokationen wirklich verletzend wird, stoppen wir ihn. Im Laufe der Zeit haben wir das aber ganz gut herausgekriegt, wann er uns nur mal kurzfristig zur Aggressionsabfuhr benötigt, oder wann er wirklich uns meint mit seiner Wut oder seinen Provokationen. Wir sehen es mittlerweile als so eine Art Liebesdienst an, ihm die Möglichkeit zu geben, uns auch schon mal anzuschreien und rumzumeckern. Solange uns das nicht zu viel wird, ist das okay. Darunter leidet unser Verhältnis nicht. Im Gegenteil. Er kommt immer ziemlich schnell wieder auf den Boden und dann ist die Luft gereinigt.«

Auch mein Mann und ich haben uns darauf geeinigt, unserem Einzelkind im Rahmen unserer eigenen psychischen Verfassung als Blitzableiter zu dienen. Immer ist uns das nicht möglich. Wenn wir Pech haben und mein Zeitdruck, Achims Computervirus und Jonas' Schulfrust zusammentreffen, hat keiner von uns die Kraft dazu. Wenn wir aber ausgeglichen sind, darf er uns, so wie er das mit Geschwistern auch täte, als Streitpartner hernehmen. Uns ist dabei wichtig, ihm das Gefühl zu geben, daß er auch mit seinen Aggressionen zu uns kommen darf. Er soll sie zu Hause nicht verstecken müssen. Denn hier ist der Ort, wo er sich als ganzer Mensch, mit seinen positiven und negativen Gefühlen, angenommen fühlen soll.

Ob Eltern es zulassen können, daß ihr Kind sie »wie seinesgleichen« behandelt, ist wieder eine Frage des Familienklimas. Eltern, die auf ihre Macht pochen und ihre Autorität behaupten wollen, werden ein solches Verhalten wohl nicht akzeptieren können. Eltern, die der oben skizzierten »Methode 2« anhängen und ihrem Kind permanent mit übergroßer Nachgiebigkeit begegnen, können Gefahr laufen, auch noch ihr letztes bißchen Selbstbehauptung ihrem Kind gegenüber zu verlieren. Das Kind seinerseits findet gar keine Grenzen mehr, an denen es sich orientieren kann. In einem sogenannten demokratischen Familienklima aber, in dem behutsam und achtungsvoll miteinander umgegangen wird, können bei Gewitterstimmung die Blitze ihre Ableitung finden, ohne bei einem Familienmitglied Schaden anzurichten.

Oft geraten nur ein Elternteil und das Kind aneinander. Wenn das Kind dann die Möglichkeit hat, bei dem anderen Elternteil Trost zu finden, kann das sehr hilfreich sein. Der tröstende Elternteil wird zwar nicht gemeinsam mit dem Kind auf die »blöde Mutter« beziehungsweise den »blöden Vater« schimpfen. »Der Partner kann das Kind bei einem Streit mit dem anderen Elternteil aber beruhigen und auffangen. Er ist noch nicht auf 80 und kann sich die Beschwerden des Kindes ruhig anhören«, meint die Psychologin Christa Kannheiser-Bourée. »Wichtig ist, daß die Mutter oder der Vater, die vorher im Clinch mit dem Kind lagen, nicht gekränkt sind, wenn das Kind in solchen Situationen zum Partner bzw. der Partnerin geht. Zwischen den Eltern muß klar sein, daß der andere dem Kind nur als Ventil für seine Aufregung dient, und der andere nicht in die Schimpfkanonade miteinstimmt.« So hat auch das Einzelkind die Möglichkeit, innerhalb der Familie mal auf ein Elternteil schimpfen zu können und muß nicht alles in sich hineinfressen.

## Unser ein und alles

Wenn Eltern nur ein Kind haben, geraten sie leicht in Versuchung, diesem einen Kind alles zu geben: ihre ganze Liebe, ihre ganze Aufmerksamkeit, aber auch ihre gesamten Erwartungen. Dieses eine Kind ist eben ihr ein und alles. Sie wollen ihm sein Leben so schön wie möglich machen und hegen in ihrem Innersten die rosigsten Vorstellungen für sein weiteres Leben. Die finanziellen Mittel reichen dazu meistens auch aus – weil ja eben nur ein Kind da ist. Fahrrad, Game-Boy, Tennis- und Skikurs, Reitunterricht, Schlagzeug, ein schönes Zimmer, kostspielige Ferienreisen, später eine gute Berufsausbildung, das ist bei einem Kind vielfach möglich, bei mehreren Kindern müßten die Grenzen enger gezogen werden. Für die Mutter ist das Kind häufig das Zentrum ihrer Liebe und ihrer Aufmerksamkeit. Sie ist es, die es von klein auf den ganzen Tag umhütet. Sie gab für das Kind ihre Erwerbstätigkeit auf, um sich ihm voll und ganz widmen zu können. Bei mehreren Kindern verteilt sich diese mütterliche Konzentration auf mehrere Schultern, das Einzelkind bekommt sie ungeteilt ab. Wir haben weiter oben schon davon gesprochen, daß hierin durchaus positive Aspekte enthalten sind. Liebe und Geborgenheit schenken eine Sicherheit, mit der man ins Leben hinaustreten kann. Sie geben eine Basis, von der aus man selbstbewußt operieren kann. Wir kennen das von unseren Beziehungen zu Erwachsenen: Wenn ich mir einer Freundschaft wirklich sicher sein kann, habe ich es nicht nötig, mich an diese Person zu klammern. Ich bin mir sicher, daß mir ihre Zuneigung auch erhalten bleibt, wenn ich nicht ständig mit ihr zusammen bin und sogar dann, wenn ich mich einmal ihren Erwartungen zuwider verhalte. Das Wissen um die Festigkeit dieser Beziehung macht mich frei, andere Beziehungen aufzubauen. Ebenso geht es Kindern, die zu Hause die Geborgenheit ihrer Familie und die Liebe ihrer Eltern erfahren haben. Sie können aufbrechen, um Freundschaften zu anderen Menschen zu knüpfen; sie können sich auf den Weg machen, ihren eigenen Lebensweg zu gestalten. Das funktioniert aber nur, wenn Mutter und Vater das Kind auch loslassen können. Wenn sie es mit ihrer Liebe nicht festhalten, weil sie Angst haben, das Kind zu verlieren. Thomas von Kürthy sagt hierzu: »Eine pädagogische Grunderkenntnis ist: Wer ein Kind binden will, der muß es laufen lassen. Bindung ist dann eben keine Abhängigkeit, sondern eine seelische Beziehung, die Sicherheit vermittelt. Das Kind oder der Jugendliche oder auch der Ehepartner fühlt sich durch eine solche Bindung nicht eingeengt, hat es nicht nötig, den Kampf aufzunehmen, sondern fühlt sich sicher, akzeptiert und frei zugleich.«[57]

Das Kind loszulassen ist kein einmaliges Ereignis, kein Augenblick, den man festmachen kann wie etwa den ersten Schultag. Es ist ein ständiger Prozeß, der schon im Babyalter beginnt. Das Kind entwickelt sich Tag für Tag weiter, es wird von Woche zu Woche ein eigenständigerer Mensch. Es trinkt von der Brust der Mutter – und greift eines Tages zur Flasche oder zum Becher. Die symbiotische Beziehung beginnt sich aufzulösen. Das Kind will die Welt um sich herum entdecken, die Nahrungsquelle, die der Körper der Mutter ihm zu bieten hat, reicht ihm irgendwann nicht mehr aus. Die Mutter muß das Stillkind loslassen, sie muß ihm ermöglichen, andere Speisen zu entdecken. Das Kind fängt an zu krabbeln, irgendwann läuft es. Es entfernt sich aus den Armen seiner Eltern und will eigenständig die Richtung und das Ziel seiner Erkundungszüge bestimmen. Die Eltern müssen das Kind loslassen und ihm die Freiheit geben, sich auf seine eigenen Beine zu stellen und allein loszulaufen. Das Kind kommt in den Kindergarten. Es verläßt für einige Stunden am Tag sein Zuhause. Die Eltern müssen das Kind loslassen und ihm die Möglichkeit bieten, andere Orte, andere Menschen, andere Atmosphären kennenzulernen. So geht es jahrelang weiter und es sind nicht nur die großen Einschnitte wie das Abstillen, die ersten Schritte und der erste Kindergarten- oder Schultag. Es sind bis zu dem Tag, an dem der Jugendliche wirklich das Haus verläßt, eine Vielzahl kleiner Abnabelungsprozesse, die uns im Alltag begegnen. Ich kann sie hinauszögern, indem ich das Kind unselbständig halte, verhindern kann ich sie nicht. Wenn ich möchte, daß sich mein Kind zu einem reifen, selbstbewußten Erwachsenen entwickelt, muß ich es bei den vielen kleinen Schritten weg von mir unterstützen – hin zu sich selbst.

Es wird immer wieder gesagt, daß gerade Eltern von Einzelkindern hiermit die größten Probleme hätten. Sie seien nur schwer in der Lage, diese Loslösung des Kindes von ihnen zu akzeptieren. Sie würden dazu neigen, es festzuhalten und überzubehüten. Ich möchte mich Thomas von Kürthys optimistischerer Einschätzung anschließen: »Die Mutter muß ihre Rolle negativ verstehen (der ungute Beigeschmack dieses Wortes sollte nicht in die Irre führen). Aber es ist ihre Pflicht, sich selbst mit jedem Entwicklungsschritt, den das Kind tut, einen Schritt zurückzunehmen. Das Entwöhnen mag vielleicht für das Kind ein Schock sein, auch wenn das nicht sicher ist, da die Freude, selbst mit dem Löffel zu essen, für vieles entschädigt. Für die Mutter aber geht mit dem Ende der Stillzeit auch eine enge symbiotische Verbindung zu Ende. Dem Erstgeborenen gegenüber erleichtert die Geburt des nächsten Kindes der Mutter diesen Prozeß, ja er wird ihr sogar aufgenötigt. Deshalb sind das Letztgeborene und das Einzelkind in dieser Hinsicht vergleichbar. Zwar fordern auch die älteren Geschwister die Mutter, aber beim letztgeborenen ist die Gefahr, von ihr vereinnahmt zu werden, größer. Für das Einzelkind trifft dies in besonderem Maße zu. Bei allen Schwierigkeiten seelischer Art, die damit verbunden sind, muß doch gesagt werden, daß die Mutter, die ihr einziges oder letztes Kind verzärtelt, ein Stereotyp aus der Vergangenheit ist. Verzärtelung ist ein Erziehungsfehler, aber nicht nur dem Letztgeborenen oder dem Einzelkind gegenüber. In unserer Kultur, in der die Familie nicht mehr Produktionsgemeinschaft, sondern Selbstzweck ist, ist die Gefahr der Überwärmung groß. Vielleicht ist gerade das Stereotyp ›Einzelkind‹ oder ›Nesthäkchen‹ inzwischen so gängig, daß die Mütter bei ihnen diese Gefahr erkannt haben und in sehr vielen Fällen dagegen ankämpfen«.[58] Für den Vater gilt natürlich dasselbe. Häufig tut er sich aber wegen der in unserer Gesellschaft praktizierten Arbeitsteilung Familie auf der einen Seite, Beruf auf der anderen dabei etwas leichter. Viele Väter verbringen nur sehr wenig Zeit mit ihren Kindern, so daß bei ihnen die Gefahr, das Kind festzuhalten, schon von daher nicht so groß ist. Zudem macht ihr Beruf, dem sie tagtäglich nachgehen, einen großen Teil ihres Lebensinhaltes aus. Sie können deshalb ihren Kindern nicht ihre uneingeschränkte Aufmerksamkeit widmen. Dieses Phänomen des »abwesenden Vaters«, das ich in meinen anderen Büchern vielfach schon kritisiert habe, zeigt in diesem Zusammenhang einmal eine positive Seite: Weil Väter nicht so ausschließlich in die Familie eingebunden sind wie viele Mütter, ist bei ihnen die Gefahr geringer, das Kind zu fest an sich zu binden. Doch selbst sie, die hier also die besseren Chancen haben, können ihrem Kind bei seiner eigenen freien Entwicklung noch genügend Steine in den Weg legen. Wenn sie nicht in der Lage sind, das Kind als jemanden zu betrachten, der von ihnen getrennt ist, der das Recht auf sein eigenes Leben und seine eigene Identität hat, blockieren sie diese Entwicklung.

Einzelkinder trifft nicht nur die Aufmerksamkeit ihrer Eltern manchmal völlig ungeteilt, auch deren Erwartungen strömen mit voller Wucht auf sie ein. Manche dieser Erwartungen sollen uns helfen, unbefriedigte Wünsche unserer eigenen Kindheit nachträglich doch noch in Erfüllung gehen zu lassen. Der Vater, der seinem Sohn zum ersten Geburtstag die elektrische Eisenbahn schenkt, die er sich Zeit seines Kinderlebens gewünscht, aber nie bekommen hat, ist das überspitzte, aber treffende Bild hierfür. Welche Enttäuschung für diesen Mann, wenn sein Sohn sich auch Jahre später überhaupt nicht ums Eisenbahnspielen kümmert, sondern stattdessen lieber liest, malt oder eine andere Freizeitbeschäftigung vorzieht. »Ich hätte in seinem Alter sonst was dafür gegeben, eine solche Eisenbahn zu haben, aber meinen Sohn interessiert das überhaupt nicht!« könnte die normale Reaktion sein. Solange der Vater es dabei bewenden läßt, ist das ja in Ordnung. Über das Ziel hinausschießen würde er, wenn er von dem Jungen Dankbarkeit erwarten würde, weil er ihm diese tolle Eisenbahn gekauft hat (die er ja anscheinend sehr viel mehr haben wollte als sein Sohn!) oder Druck auf ihn ausüben würde, nun auch damit zu spielen. Wenn der Vater ehrlich ist, muß er erkennen, daß er mit dem Kauf der Eisenbahn versucht hat, sich selbst nachträglich einen Kindheitstraum zu erfüllen: Mit seinem Sohn hatte das nur in zweiter Linie etwas zu tun.

Kinder sind keine Verlängerung ihrer Eltern. Was sie selbst als Kind glücklich gemacht hat, muß auf ihre Nachkommen noch lange nicht zutreffen. Die Mutter, deren Höchstes es gewesen wäre, als Teenager einmal ein schickes Kostüm zu haben, darf von ihrer Tochter nicht dieselbe Begeisterung erwarten, wenn sie ihr ein solches als Überraschung aus der Stadt mitbringt. Es ist *ihr* Wunsch, nicht der der Tochter. Die steht vielleicht gerade auf Jeans mit Löchern drin und findet die Vorstellung völlig daneben, in einem Kostüm loszugehen. Der Tochter in einem solchen Fall Undankbarkeit vorzuwerfen, wäre unfair. Wie kann die Tochter dankbar dafür sein, daß ihre Mutter ihre eigenen Wünsche in sie hineinprojiziert hat?

Noch gefährlicher wird es, wenn Eltern von ihrem Kind erwarten, daß es stellvertretend für sie all das erreicht, was ihnen selbst nicht gelungen ist. Eltern, denen aufgrund der materiellen Situation in ihrem Elternhaus vielleicht keine weiterführende Schule oder gar ein Studium möglich war, möchten ihrem Kind nun diese Chance bieten. Schrauben sie ihre Erwartungen nun aber so hoch, daß das Kind ihnen nur mit äußerster Mühe gerecht werden kann, schaden sie seiner Entwicklung. Die amerikanische Psychologin Dorothy Briggs beschreibt in ihrem Buch »Gib deinem Kind Selbstvertrauen« (siehe Literaturliste im Anhang), warum sich zu hohe elterliche Erwartungen negativ auf das Selbstwertgefühl des Kindes auswirken können: »Ihr Kind mißt sein Können an Ihren Erwartungen. Sein Urteil über sich selbst hängt deshalb davon ab, bis zu welchem Grade es Ihren Ansprüchen gerecht wird... Ein Mensch, der ständig hinter den Erwartungen zurückbleibt, die in ihn gesetzt werden, kommt zu dem Schluß, er sei nichts wert... Wir sehen uns nur allzu oft in unseren Erwartungen enttäuscht, doch das liegt häufig lediglich daran, daß diese Erwartungen im jeweiligen Alter oder unter den jeweiligen Umständen für das Kind einfach zu hochgesteckt oder zu starr sind. Und unsere Enttäuschungen sind wie Termiten: sie nagen an den Fundamenten der kindlichen Selbstachtung und lassen das Gebäude seines Selbstwertgefühls zusammenstürzen. Kinder stellen sich nur selten die Frage, ob unsere Erwartungen berechtigt sind; statt dessen beginnen sie, an ihren eigenen Fähigkeiten zu zweifeln.«[59]

Dorothy Briggs empfiehlt allen Eltern, sich darüber klar zu werden, welche Erwartungen sie an ihre Kinder knüpfen und diese von Zeit zu Zeit einer Überprüfung zu unterziehen:
○ Warum habe ich diese Erwartungen?
○ Woher habe ich sie?
○ Inwieweit ist dabei mein Egoismus im Spiel?
○ Beruhen sie auf meinen Bedürfnissen oder denen meines Kindes?
○ Welchem Zweck dienen sie?
○ Entsprechen sie auf realistische Weise diesem Kind, seinem Alter, seinem Temperament und seiner bisherigen Entwicklung?[60]

Das Kind muß *seinen* Weg gehen, nicht den seiner Eltern. »Die Tragik des Einzelkindes ist eigentlich, daß es die Hoffnungen und Sehnsüchte der Eltern ungeteilt auf sich zukommen fühlt«, sagt Thomas von Kürthy. »Gelingt es dem Kind, den Eltern rechtzeitig zu zeigen, daß es s e i n e n Weg gehen will, so muß es die wichtigste Aufgabe der Eltern sein, dies zu akzeptieren und ihm nicht im Wege zu stehen...«[61] Christa Kannheiser-Bourée gab mir den guten Rat: »Schau erst mal bei dir selber nach, ob du Dinge findest, die du in deinem Leben nicht erledigt hast. Dann achte darauf, ob du dabei bist, diese unerledigten Ziele und Wünsche deinem Kind 'reinzudrükken.«

Indem sie das Kind nicht zum Mittelpunkt ihres Lebens machen, können Eltern sich diese Sichtweise erleichtern. Die Beziehung zum Partner beziehungsweise zur Partnerin muß ebenso wichtig sein wie die zum Kind. Sie soll schließlich auch dann noch Bestand haben, wenn das Kind längst erwachsen geworden und seiner Wege gegangen ist. Freundschaften zu anderen Menschen sollten ebenfalls ihre Bedeutung haben und nicht als Notnagel für Stunden der Langeweile oder in Beziehungskrisen angesehen werden. Wer einen Beruf ausüben kann, der ihm Befriedigung und Anerkennung verschafft, gerät ebenfalls weniger in die Gefahr, sich auf einen anderen Menschen zu stürzen und ihn durch seine 100prozentige Konzentration auf ihn und seine Belange zu erdrükken. Für Frauen, die ihre Erwerbstätigkeit unterbrochen oder ganz beendet haben, um sich der Familie zu widmen, kann das schwieriger sein. Das Kind war der Auslöser zu diesem Schritt aus dem Erwerbsleben ins Dasein als Familienfrau. Es ist ihr Arbeits- und oft auch ihr Lebensinhalt. Alle Erwerbstätigen würden unruhig werden, wenn sie beobachten könnten, wie ihr Arbeitsbereich von Monat zu Monat, von Jahr zu Jahr kleiner wird. Sie würden – mit Recht – befürchten, irgendwann überflüssig zu werden. Die Kündigung könnte eine Folge davon sein. Eine Hausfrau sieht, daß mit der Entwicklung ihres Kindes, einer ihrer Hauptarbeitsbereiche sich immer mehr ihrer direkten Einflußnahme entzieht. Das Baby nahm sie noch rund um die Uhr in Anspruch, es war hundertprozentig auf sie angewiesen. Das Kindergartenkind überläßt seine Mutter bereits für mehrere Stunden am Tag sich selbst, wenn die Kinder in der Schule sind, geht es ganz schnell, bis sie nur noch wenige Stunden am Tag, zu den Mahlzeiten, den Hausaufgaben und zum Schlafen zu Hause sind. Die Befürchtung der Mutter, überflüssig zu werden und eines Tages die »Kündigung« (im übertragenen Sinne) zu bekommen, ist von daher sehr verständlich. Wir dürfen uns von unseren Ängsten trotzdem nicht dazu verleiten lassen, das Kind in seiner Entwicklung zu einem eigenständigen Menschen zu bremsen. Es ist ein wichtiger Bestandteil unseres Lebens, wir sollten es aber nicht zu unserem Hauptinhalt machen. Eigene Interessen und Bedürfnisse wahrzunehmen und zu vertreten, ist gerade für Frauen, die als Hausfrauen arbeiten, wichtig. In ihrem eigenen Interesse und in dem ihres Kindes, das sich frei entwickeln darf, wenn es nicht überlastet wird durch die »Affenliebe« seiner Eltern.

Unser Lohn für unseren Einsatz darf nicht darin bestehen, jahrzehntelang ein anhängliches Kind an der Hand zu haben, sondern in der Freude daran, daß sich dieses Kind zu einem Menschen entwickelt, der eigene Ansichten entwickelt und in der Lage ist, seinen Weg durchs Leben selbständig zu meistern. Außerdem wird es uns, wenn wir es rechtzeitig loslassen konnten, mit großer Wahrscheinlichkeit nie ganz verlassen. Denn es muß nicht gegen unsere übergroße Liebe ankämpfen, um sich gegen uns abzugrenzen, sondern es kann unsere Liebe als einen (von mehreren) Ruhepolen in seinem Leben sehen, die es gern immer wieder ansteuert.

## Auf der Hut vor Überbehütung

Ich kann mein Kind nur loslassen, wenn es mir gelingt, es nicht zu sehr behüten und beschützen zu wollen. Wie oft halten wir die Luft an, wenn wir unser Kind bei einer waghalsigen Kletteraktion sehen. Das Zweijährige erklimmt zum ersten Mal die Leiter der Rutschbahn. Seine Mutter steht am Rande des Sandkastens, bis ins Innerste angespannt, sie hat Angst, ihr Kind könnte herunterfallen. Erschreckte Ausrufe wie: »Paß auf, Liebling, daß du nicht 'runterfällst!«, »Komm lieber wieder runter, mein Schatz! Sonst fällt du von der Leiter!« oder »Nimm meine Hand, damit dir nichts passiert!« sind in solchen Situation dazu geeignet, das Kind an seinen eigenen Fähigkeiten zweifeln zu lassen und ihm den Mut zu nehmen, neues Terrain zu erkundschaften. Die Botschaft, die wir einem Kind durch solche Schreckensrufe übermitteln: »Ich glaube nicht, daß du es schaffst, auf diese Leiter zu klettern, ohne dich zu verletzen.« Übergroße Vorsicht kann ein Kind in seinem Selbstbewußtsein erschüttern. Rudolf Dreikurs ist der Ansicht: »Wir können unsere Kinder nicht vor dem Leben schützen, sind aber verpflichtet, sie zu Mut und Stärke zu erziehen, um dem Leben die Stirn zu bieten. Der Wunsch der Mutter, ihre Jungen vor jedem möglichen Harm zu beschützen, kann eine sehr entmutigende Wirkung haben. Es kann sie hilflos und ganz von ihr abhängig machen ... Unter dem Vorwand, für ihr Wohl besorgt zu sein, lassen wir unsere Kinder im Zustand der Hilflosigkeit und Abhängigkeit, damit wir groß, mächtig und beschützend erscheinen, und zwar in den Augen des Kindes genauso wie in unseren eigenen.«[62] Ein Kind, das Laufen, Fahrrad- oder Rollschuhfahren lernt, wird ganz sicher während seiner Übungen hinfallen. Das gehört dazu. Dennoch muß das Kind diese Entwicklungsschritte machen, ohne von uns ständig mit Argusaugen bewacht oder behütet zu werden. Es tut uns weh, wenn unser Kind sich weh tut. Wir haben auch Angst davor, daß es sich eine ernsthafte Verletzung zuziehen könnte. Doch wir müssen sorgfältig abwägen, wann unsere guten Ratschläge oder ein Eingreifen wirklich notwendig sind, um Schlimmes zu verhindern. Viel zu oft, greifen wir viel zu früh ein. Stellen wir uns nur vor, daß wir selbst etwas Neues lernen möchten. Würden wir es nicht auch als störend und hemmend empfinden, wenn jemand, der es viel besser kann als wir, uns ständig dreinreden würde? Wäre es nicht viel angenehmer, wir könnten diese Person um Rat fragen, wenn wir selbst es wollen, sie uns ansonsten aber in Ruhe probieren ließe? Würden wir nicht schnell entmutigt werden, wenn diese Person uns ständig zu verstehen gäbe, daß sie eigentlich gar nicht glaubt, daß wir es schaffen könnten? Wir müssen unsere Kinder laufen lassen und in ihre Fähigkeiten vertrauen. Eine Glucke kann zwar Eier ausbrüten, wenn sie danach aber noch auf ihren Kücken sitzen bleibt, werden sie nicht lebensfähig sein. Thomas Gordon meint dazu: »Vielen Eltern fehlt es an der Erkenntnis, wie oft sie ihren Kindern nur durch das Einmischen, Stören, Eindringen, Kontrollieren, Mitmachen Nicht-Annahme zu verstehen geben. (Mit Nicht-Annahme meint der Autor, den anderen nicht in seinem So-Sein zu akzeptieren. Anm. ED) Zu häufig lassen Erwachsene Kinder einfach nicht in Ruhe. Sie dringen in die private Sphäre ihrer Zimmer ein, drängen sich in ihre persönlichen und privaten Gedanken oder weigern sich, ihnen ein Einzeldasein zuzugestehen. Das ist oft die Folge elterlicher Befürchtungen und Ängste, ihres eigenen Gefühls der Unsicherheit.«[63]

Kinder zu sehr behüten oder kontrollieren zu wollen, ist sicherlich kein spezifisches Problem von Einzelkindeltern. Auch Eltern mehrerer Kinder können diesen Fehler machen. Bei ihnen ist nur die Chance, daß es immer wieder dasselbe Kind trifft, geringer. Die Aufmerksamkeit teilt sich eben durch die Anzahl der Kinder. Außerdem haben Mutter und Vater beim ersten – und im Falle des Einzelkindes einzigen – Kindes noch keine Routine. Ich habe schon oft von Eltern, die zwei oder drei Kinder hatten, gehört, daß sie bei ihrem ersten Kind in allem äußerst vorsichtig und unsicher waren. Beim zweiten lief alles schon viel lockerer. Wollten die Eltern auch beim zweiten Kind noch jeden Schritt überwachen, kämen sie zu nichts anderem mehr. Wir haben aber kein zweites Kind und müssen uns von daher bereits beim ersten bemühen, den Fehler der Überbehütung so gut wie möglich zu vermeiden. Betrachten wir das Kind als selbständige Persönlichkeit, fällt dies um so leichter.

## »Nein«-Sagen können

Es kann Überwindung kosten, einem anderen Menschen eine Bitte abzuschlagen. Wir haben Angst davor, der andere könnte uns deswegen ablehnen, wir fürchten uns vielleicht auch vor der Auseinandersetzung, die durch unser »Nein« entstehen könnte. Dennoch müssen wir uns in manchen Situationen dazu durchringen, vielleicht, wenn der Chef uns zum dritten Mal in der Woche um Überstunden bittet, die Nachbarin einen zum xten Ehrenamt überreden will, oder ein Freund seinen Hund in den Ferien bei uns einquartieren will. Im Umgang mit einem Kind können tagtäglich solche Situationen entstehen. Wie wir uns das Für und Wider einer Zu- oder Absage einem Erwachsenen gegenüber überlegen, so müssen wir das auch bei unserem Kind tun.

Ich habe mich vor etwa zwei Jahren dabei ertappt, daß ich meinem Sohn gegenüber viel zu oft »Ja« gesagt habe, wenn ich eigentlich ein »Nein« sagen wollte. Erst nach einiger Zeit wurde mir bewußt, warum ich das tat: Ich hatte Angst vor den Auseinandersetzungen mit ihm und fand es einfacher, seinen Wünschen zuzustimmen, als die Energie für ein klärendes Gespräch mit ihm aufzubringen. Bequemlichkeit und Feigheit hatten mich zur »Ja«-Sagerin gemacht – nicht zum Wohle meines Kindes, wie mir heute klar ist.

Einzelkinder sind angeblich besonders gefährdet, sich selbst im Mittelpunkt allen Geschehens zu sehen, verwöhnt und verzärtelt zu sein. Ich bin überzeugt davon, daß Eltern dies vermeiden können – auch ohne die »Schützenhilfe« von Geschwisterkindern. Wenn ich mein Kind nicht zum alleinigen Mittelpunkt meines Lebens mache, wenn ich den Mut habe, ihm unvernünftige Forderungen nicht zu erfüllen, wenn ich es nicht unselbständig halte und es nicht überschütte mit materiellen und immateriellen Gaben, wird es das alles nicht werden. Nicht alle unsere Wünsche können erfüllt werden. Wir wissen das, und wir wissen auch, daß das gut ist so. Denn ich bezweifle, daß wir »wunschlos glücklich« auf Dauer glücklich wären. Wenn ich mir als nächste Urlaubsreise einen dreimonatigen Trip nach Australien wünsche, weiß ich, warum dieser Wunsch zumindest im kommenden Jahr nicht in Erfüllung gehen kann. Ich weiß, daß ich die Zeit dazu nicht habe, daß mein Geld dazu nicht ausreicht, daß mein Sohn nicht so lange Schulferien hat und so weiter. Wenn mein Sohn sich ein Computerspiel wünscht, mit mir spielen möchte, zu seinem Freund gefahren werden will, in meinem Bett schlafen möchte und ich »Nein« zu diesen Wünschen sage, weiß er nicht warum. Ich muß es ihm erklären, damit er meine Absage verstehen kann. (Was nicht heißt, daß er verstehend lächelt und friedlich seiner Wege geht. Ich bin ja auch oft genug ungehalten, wenn sich meine Wünsche nicht erfüllen.)

Rudolf Dreikurs beschreibt sehr pointiert eine Situation, in der ein Kind, Sven genannt, seiner Mutter mit Schreien und Toben spät am Nachmittag den Kauf eines neuen Balles abtrotzte. Sein Kommentar zu dieser Situation: »Es gibt wirklich keinen Grund, seinen Wünschen nicht nachzugeben, solange die Mutter sicher ist, daß sie dies bis zu seinem Tod tun kann. Auch für Sven besteht kein Grund, zu lernen, wie man mit einem ›nein‹ fertig wird, solange die Mutter garantieren kann, daß sie immer da sein wird, um ihm jede Enttäuschung zu erspraren. Unter diesen Bedingungen kann die Mutter ihre Rolle als verächtliche Sklavin weiterspielen und sich von ihrem Tyrannen mißbrauchen und treten lassen. Und er braucht sich nicht an Ordnung zu halten, kann sie mißachten und sich selbst als mächtigen Mann sehen, der verlangt und bekommt und immer mehr Geschicklichkeit entwickelt, sie durch seine Zornausbrüche zu beherrschen ... Der Wunsch, einem Kind soviel wie möglich zu Gefallen zu tun, ist verfehlt, weil er zu einer sklavischen Einstellung führt, die im Kind Selbstsucht hervorruft.«[64]

Wir freuen uns, wenn wir unserem Kind einen Gefallen tun können, wenn wir ihm einen Wunsch erfüllen und sehen, wie es sich darüber freut. Solange wir seine Wünsche akzeptieren können, besteht kein Grund, sie nicht zu erfüllen. Willkür, nach dem Motto »Ich erfülle nur jeden zweiten Tag einen Wunsch, damit das Kind lernt, mit Entbehrungen fertig zu werden« ist hier nicht gemeint. Es entstehen ganz von allein genügend Situationen, in denen uns die Wünsche unserer Kinder überfordern, und wir mit ihnen nicht einverstanden sind. Welche das sind, müssen wir ganz allein und entsprechend der Regeln, nach denen unser Familienleben gestaltet wird, entscheiden. Dazu gibt es keine allgemein gültigen Ratschläge.

## Zum Selbständig-Werden ermutigen

Zu sehen, wie sich das einzige Kind mehr und mehr von einem löst, ist nicht immer ein schmerzfreier Prozeß. Wie überflüssig komme ich mir manchmal vor, wenn mein Sohn nach der Schule in Windeseile sein Mittagessen verzehrt, die Hausaufgaben erledigt, und ich dann in den nächsten Stunden nichts mehr von ihm sehe, weil er bei seinen Freunden ist. Wenn ich an diesen Nachmittagen keine Arbeit habe oder keine Lust zum Arbeiten habe, fühle ich mich manchmal allein gelassen, ratlos, unausgeglichen.

In solchen Situationen ist es das beste, zu überlegen, was jetzt Spaß machen könnte; sobald man sich auf irgend eine Beschäftigung richtig eingelassen hat, wird man es genießen, mal ganz für sich zu sein – so wurde die Zeit einmal ausgenutzt, und das Kind ist entlastet, wenn es eine fröhlich beschäftigte Mutter vorfindet.

Wenn das Kind anfängt, seine eigenen Lebensbereiche immer mehr auszubauen, kann es geschehen, daß es seine Eltern dabei zurückweist: Am vergangenen Wochenende verbrachte unser Sohn den ganzen Samstag von 11 Uhr vormittags bis 19 Uhr abends bei einem Nachbarskind. Am Sonntag nach dem Frühstück erklärte er uns, daß er jetzt wieder zu Daniel gehe. Verblüfft fragte ich ihn: »Gehst du heute wieder den ganzen Tag weg? Ich dachte, wir könnten zusammen 'was machen, spielen, radfahren oder so?!« Seine kategorische Antwort: »Ach, Mami, ich mag aber lieber mit meinem Freund spielen!« Es ist nicht unbedingt leicht, sich über diese Reaktion des Kindes zu freuen, froh darüber zu sein, daß es inzwischen so selbständig ist. Es kann einen etwas wehmütig stimmen, daß ein anderer einem vorgezogen wird. Ich kann mich ein wenig zurückgestoßen fühlen, ein bißchen traurig werden. Es hilft aber alles nichts: Ich darf mein Kind nicht davon abhalten, sich von mir zu lösen, sich auf seine eigenen Beine zu stellen. Ein

Kind wird nicht mit dem 18. Geburtstag per Gesetzesbeschluß ein Mensch, der ab nun eigenverantwortlich ist. Selbständig zu sein, für seine Handlungen die Verantwortung zu übernehmen, sein Leben selbst in die Hand zu nehmen, muß jeder Mensch von klein auf lernen. Die Eltern haben die Mittel in der Hand, ihn dabei zu unterstützen. Für Alleinerziehende ist diese Aufgabe manchmal besonders schwer.

Es gibt unzählige scheinbar unbedeutende Momente, in denen ich mein Kind zum Selbständig-Werden ermutigen kann: Jedesmal wenn ich ihm zeige, daß ich daran glaube, daß es selbst fähig ist, eine Aufgabe zu lösen. Jedesmal, wenn ich ihm die Zeit dazu lasse und meine Ungeduld hintenanstelle. Jedesmal, wenn ich eine von ihm erbrachte Leistung anerkenne und es nicht kritisiere, weil ich meine Maßstäbe anlege, ermutige ich es, in seinem Selbstbewußtsein und in seinem Drang, Neues zu probieren, seine Welt zu erweitern.

Es sind oft so banale Situationen:

Jonas zieht sich seinen Schlafanzug zum ersten Mal allein an. Das Oberteil ist verdreht: Hinten ist vorn und vorn hinten. Wenn ich sage: »Toll, daß du heute deinen Schlafanzug allein angezogen hast!«, zeige ich dem Kind, daß es etwas Neues gelernt hat und daß diese Leistung von mir anerkannt wird. Wenn ich aber sage: »Du hast ja das Oberteil verdreht. Zieh es noch mal aus, ich helfe dir, es richtig anzuziehen!«, gebe ich ihm zu verstehen, daß *ich* es besser kann, das Kind aber einen Fehler gemacht hat. Wie unwichtig ist es im Grunde aber doch, ob das Oberteil verkehrt herum sitzt. Durch eine ermutigende Bemerkung kann ich das Kind anspornen, auch weiterhin zu versuchen, sich selbst anzuziehen. Bei anderer Gelegenheit, die unabhängig vom Umkleiden ist, kann ich ihm anhand der eingenähten Schnipselchen in den einzelnen Kleidungsstücken immer noch erklären, wo hinten und wo vorne ist.

Vater und Kind wollen am Samstagvormittag zusammen einkaufen gehen. Das Kind freut sich auf den Ausflug, läuft zur Garderobe, nimmt seine Jacke und sucht die Armlöcher. Endlich hat es alles ordnen können und es geschafft hineinzuschlüpfen. Nun nestelt es am Reißverschluß herum.

Eine ermutigende Reaktion des Vaters könnte sein: Warten.

Damit gibt er dem Kind zu verstehen: »Ich bin sicher, du schaffst das.« Ungeduldig zu werden und zu handeln, könnte in diesem Fall entmutigend auf das Kind wirken: »Komm her, ich mach dir deinen Reißverschluß zu!« Wieder bekommt das Kind einen Dämpfer. Wieder wird ihm zu verstehen gegeben: »Du kannst das noch nicht! Ich kann das besser.« Natürlich können wir das besser, aber das Kind hat schließlich auch noch keine 30 oder wie viele Jahre Übungszeit hinter sich. Es ist erst dabei, all die Fähigkeiten, die wir uns längst angeeignet haben, zu erlernen. Mit jeder Fertigkeit, die es beherrscht, wird es ein Stückchen selbständiger. Wir sollten ihm nicht andauernd unter die Nase reiben, daß wir schon viel weiter sind.

Jonas möchte mir helfen, den Tisch zu decken. Er nimmt die Gläser, die ich schon herausgestellt habe, und will sie aus der Küche tragen. Was würde passieren, wenn ich erschreckt aufschrie, weil ich im Geist schon x Mark am Boden zerschellt sehe: »Jonas, bitte laß die Gläser stehen! Nimm lieber das Besteck!«? Zum einen könnte mein Zuruf ihn so verwirren, daß er die Gläser tatsächlich fallen ließe. Aber selbst, wenn dies nicht geschähe, hätte ich wieder einmal etwas kaputtgemacht: sein Vertrauen in seine Fähigkeiten. Denn ich gebe ihm ja überdeutlich zu verstehen, daß ich ihn für nicht in der Lage halte, die Gläser heil auf den Tisch zu stellen. Ich signalisiere ihm, daß ich ihn für »zu klein«, für »unfähig« halte. Es ist übrigens erstaunlich, daß Kinder sehr viel häufiger, als wir es ihnen zutrauen, bestimmte Dinge tatsächlich können! Wir *glauben* vielleicht, daß die Gläser jeden Moment nur noch Scherbenhaufen sein werden, *sicher* ist das nicht. Ich gehe dieses Risiko mittlerweile ein und war bislang noch nicht gezwungen, viel Geld für Bruch-Ersatz irgendwelcher Art auszugeben.

Das Kind sagt beim Essen, daß es sich selbst Saft einschenken möchte. Was wiegt schwerer? Der eventuelle Fleck auf der Tischdecke oder seine Freude über den Erfolg, wenn es ihm gelungen ist?

Jonas hat das Waschbecken im Bad geputzt. Es ist sauberer als vorher, wenn auch nicht so sauber, wie ich es mir wünschen würde. Was haben wir davon, wenn ich ihm dies in diesem Moment sage? Er wird entmutigt, denn ich zeige ihm wieder einmal, wie »unvollkommen« er doch mit sieben Jahren noch ist. Fraglich ist obendrein, ob ich durch meine Kritik ihn zu weiteren Hausarbeiten motiviere. Wenn ich ihm aber meine Freude über seine Hilfeleistung zeige, wird er angespornt, ein weiteres Mal seine Fähigkeiten so nutzbringend einzusetzen. Vielleicht bietet sich in den nächsten Tagen einmal die Gelegenheit, ihm zu zeigen, wie das Wasser auf einer noch schmutzigen Unterlage perlt, wie gleichmäßig es über das Porzellan hinwegfließt, wenn aller Dreck und alles Fett beseitigt sind.

Eine Freundin erzählte mir neulich von einem großen Erfolgserlebnis für ihre Tochter und sich selbst.

Susanne geht in einen Kindergarten im Nachbardorf. Ihre Mutter fährt sie täglich mit dem Auto hin und her. Im vergangenen Winter erzählte das Kind beim Mittagessen, daß alle Kinder aus ihrem Kindergarten sich am Nachmittag zum Schlittenfahren an einem kleinen Hang im Dorf treffen würden. Meine Freundin schilderte mir diesen Nachmittag: »Susanne fragte mich, ob ich sie hinfahren könnte. Das Hinfahren war zwar kein Problem für mich, aber ich hatte nicht die allergeringste Lust, dann zwei Stunden als einzige Mutter mir kalte Füße zu holen und den Kindern zuzuschauen. Das sagte ich Susanne. Woraufhin sie völlig gelassen erwiderte: ›Ja, dann bringst du mich eben hin und holst mich später wieder ab.‹ Ich mußte erstmal schlucken, denn so etwas ähnliches hatten wir noch nie gemacht. Sie konnte sich bisher zwar in der Nachbarschaft frei bewegen, aber sie war noch nie ohne die Aufsicht einer erwachsenen Person so weit weg gewesen. Ich überlegte mir, ob tatsächlich reale Gefahren bestehen könnten. Sie könnte beim Schlittenfahren hinfallen und sich weh tun. Die Wahrscheinlichkeit eines schweren Unfalls hielt ich für nicht sehr groß. Zudem lag der Hang gleich neben dem Kindergarten, in dem um diese Uhrzeit auch noch ihre Kindergärtnerin arbeitete. Ich stimmte also ihrem Vorschlag zu. Mit leuchtenden Augen holte Susanne ihren Schlitten aus der Garage, zog sich an und stand schon wenige Minuten später startbereit neben dem Auto. Als wir am Schlittenberg ankamen, war tatsächlich die halbe Kindergartengruppe versammelt. Susanne wurde von ihren Freundinnen begeistert begrüßt, und eine Minute später sausten sie gemeinsam auf ihren Schlitten den Hügel hinunter. Ich winkte ihr noch einmal zu und rief, daß ich sie um halb fünf wieder abholen würde. Schon auf der Rückfahrt im Auto hatte ich ein flaues Gefühl und fing an, mir alle möglichen Stürze vorzustellen. Mein kleines Kind lag vor meinem geistigen Auge wimmernd im Schnee, niemand war da, der sich um sie kümmern würde. Sie würde nach ihrer Mami rufen, doch die war nicht da. Schließlich riß ich mich zusammen und munterte mich einem ›Wird schon gutgehen‹ wieder auf. Während der nächsten eineinhalb Stunden hielt meine Nervosität an, aber ich überwand schließlich meinen Drang, doch hinzufahren und nach dem rechten zu schauen. Punkt halb fünf war ich wieder beim Schlittenberg. Susanne winkte mir von weitem zu und rutschte auf ihrem Schlitten gleich wieder hinunter. Erleichtert, und stolz auf meine Tochter und mich, daß wir das nun geschafft hatten, wartete ich geduldig, bis das Gros der Kinder aufbrach, und auch Susanne sich endlich trennen konnte. Vor dem Zubettgehen fragte ich sie, was sie eigentlich gemacht hätte, wenn sie sich weh getan hätte, und ich nicht da gewesen wäre. Ihre Antwort: ›Wenn's nur ein bißchen gewesen wäre, hätte ich das schon allein geschafft. Wenn's schlimm gewesen wäre, wäre ich zu Frau Neumann in den Kindergarten gegangen. Die war doch noch mit der Nachmittagsgruppe da.‹ Noch irgendwelche Fragen, Mutter?«

Susanne war offensichtlich schon weiter als ihre Mutter. Sie fühlte sich für diese Trennung sicher genug. Meine Freundin hat das gespürt und sich trotz ihrer Ängste dem Freiheitsdrang ihrer Tochter gebeugt. Damit hat sie Susanne auf ihrem Weg zur Selbständigkeit unterstützt und ihr zu verstehen gegeben, daß sie ihr zutraut, die Situation allein zu meistern.

Ich finde solche Ermutigung besonders für Mädchen sehr wichtig. Zwar haben die meisten von uns nicht mehr die Stereotypen im Kopf, daß ein Mädchen nicht auf Bäume klettern oder sich nicht schmutzig machen darf, doch Reste dieser Erziehung stecken womöglich noch in uns. Sind wir nicht erstaunt, wenn ein kleines Mädchen ebenso geschickt wie ein kleiner Junge mit der Laubsäge oder dem Hammer umzugehen weiß; wenn ein größeres Mädchen beim Computerspiel dieselbe hohe Punktzahl wie ein größerer Junge erreicht; wenn eine erwachsene Frau ebenso gut eine Autoreparatur durchzuführen weiß wie ein erwachsener Mann? Ich glaube, daß ein Mädchen, das früh in ihrer selbständigen Entwicklung ermutigt wurde und die Chance hatte, Neues auszuprobieren und ihre Fähigkeiten unter Beweis zu stellen, als erwachsene Frau eher die Möglichkeit zu einer gleichberechtigten Lebensführung hat als eines, das überbehütet wurde.

Natürlich geht bei den kindlichen Versuchen, die eigene Kraft und Fähigkeit zu entdecken und zu erweitern, manchmal etwas schief. Rudolf Dreikurs ist der Ansicht, daß wir uns in solchen Fällen vor einer Beschimpfung des Kindes wie »Schau, wie ungeschickt du bist!« oder »Du hast aber auch alles verschmiert!« hüten sollten: »Macht ein Kind einen Fehler, oder kann es ein gewisses Ziel nicht erreichen, sollten wir jedes Wort oder jede Handlung vermeiden, die darauf hinweisen könnte, daß wir *das Kind* als Versager betrachten. ›Schade, daß es nicht geklappt hat!‹ ›Es tut mir leid, daß es nicht gelungen ist!‹ *Wir müssen die Tat vom Täter unterscheiden.* Wir müssen uns völlig darüber klar sein, daß jedes ›Versagen‹ nur auf einen Mangel an Fertigkeit hinweist und in keiner Weise den *Wert* des Betreffenden berührt.«[65] Natürlich ärgern wir uns, wenn wirklich einmal ein Teller kaputt geht, oder der Kakao auf dem frischen Tischtuch landet. Denn das kostet uns Geld und Arbeit. Wir müssen uns aber klar machen, daß das Kind es in den meisten Fällen nicht mit Absicht gemacht hat. Deshalb ist es kein Dummkopf, Tolpatsch oder böses Kind. Wenn wir erreichen wollen, daß der Teller beim nächsten (oder übernächsten) Mal heil und das Tischtuch sauber bleibt, ist das Mittel der Beschimpfung wenig effektiv. Das Kind zweifelt um so mehr an seinem Können, wird unsicher und noch weniger in der Lage sein, diese Aufgabe gut zu lösen. Wenn wir es ermutigen, steigen seine und unsere Chancen nicht nur auf heile Gläser, sondern auch auf ein selbständiges, selbstbewußtes Kind, das später als erwachsene Person dem Klischée des verwöhnten, verzärtelten, egoistischen Einzelkindes durch seine Persönlichkeit widersprechen wird.

# Auch Eltern brauchen Ermutigung

Lassen Sie sich nicht ins Bockshorn jagen – weder von den Vorurteilen gegenüber Einzelkindern noch von den vielen Ratschlägen in diesem Buch, denen in der Praxis niemand gänzlich folgen kann. Eltern sind Menschen und damit unvollkommen wie alle Menschen. Sowenig wie wir in anderen zwischenmenschlichen Beziehungen, im Berufsleben oder bei unseren Hobbys immer alles fehlerfrei tun können, können wir es in der Erziehung unserer Kinder. Doch so wie wir in der Kritik an den Leistungen unserer Kinder die Tat vom Täter trennen sollten, sollten wir es auch bei uns selbst tun. Wenn wir einen Fehler gemacht haben, haben wir ihn gemacht, und das ist nicht mehr zu ändern. Wir selbst verlieren dadurch nicht an unserem persönlichen Wert. Wir sind deswegen keine schlechten Eltern. Genau wie wir unsere Kinder dazu ermutigen, es noch einmal zu probieren und ihnen zeigen, daß wir sicher sind, daß es beim nächsten Mal besser klappt, können wir uns selbst ermutigen und darauf vertrauen, daß wir aus unserem Fehler gelernt haben. Thomas von Kürthy sagt: »Wer Erziehung vereinfacht, macht es sich zu einfach. Aber, wer Erziehung verkompliziert, theoretisiert, bei jedem ›ja‹ das ›aber‹ mitbedenkt, der verliert seine Spontaneität, er wird ein zögerlicher Mensch, ein wandelndes Fragezeichen.«[66]

Machen wir uns immer wieder klar, daß es heute mehr als genug triftige Gründe für Mütter und Väter gibt, ausschließlich ein Kind zur Welt zu bringen. Sie sind vielfältig und von Frau zu Frau, von Familie zu Familie verschieden. Es gibt aber gewisse Häufungen, die aus den sich verändernden Strukturen unserer Gesellschaft resultieren – allen voran aus der sich wandelnden »weiblichen Rolle«.

## Gern Mutter sein – aber nicht ausschließlich

Das Leben der Frauen ist in Bewegung geraten. Es gibt nicht mehr nur eine einzige Rolle, an der sie sich orientieren und der entsprechend sie ihr Leben einrichten können. Es gibt heute eine Vielzahl von Gestaltungsmöglichkeiten für das eigene Leben. Keine Frau muß heute mehr heiraten. Als »Single« liegen alleinlebende Frauen und Männer voll im Trend. Auch die »DINKs« sind stark im Kommen: Double income, no kids – doppeltes Einkommen, keine Kinder. Welche Eltern haben nicht schon einmal einen Anflug von Neid auf diese Paare verspürt? Sie sind es (oder scheinen es zumindest zu sein), die im Restaurant die Speisekarte nur links lesen (denn sie haben in aller Regel mehr Geld zur Verfügung als Familien mit Kindern); sie genießen anschließend ihr Menü bei einem anregenden Gespräch mit ihrem Partner – während wir nicht nur die Preise studieren müssen (schließlich sind wir zu dritt, viert oder fünft bei *einem* oder eineinhalb Einkommen), sondern das Essen auch noch xmal unterbrechen müssen, um – je nach Kindesalter – das schreiende Baby zu trösten, die Dreijährige, die den Kellnern zwischen den Füßen herumkrabbelt, einzufangen, den mit der Freundin lauthals streitenden/tobenden Sechsjährigen zu dezenterem Verhalten aufzufordern, Fleisch auf Kindertellern kleinzuschneiden oder Suppe kaltzupusten. Sie sind es, die im Urlaub Städtetouren machen, Museen besuchen und in Ausstellungen gehen – während wir in der Hauptsaison am Strand liegen, Backe-Backe-Kuchen oder Fußball spielen und im Geheimen davon träumen, jetzt in Verona auf der Piazza Erben bei einem Campari zu sitzen und dem Großstadttreiben zuzusehen. Da kann schon Neid aufkommen ...

Die Tendenz, zusammenzuleben, mit oder ohne Trauschein, jedenfalls ohne Kinder, ist steigend. Und auch das Zusammenleben gleichgeschlechtlicher Partnerinnen oder Partner wird – endlich – in steigendem Maße von wachsenden Kreisen in unserer Gesellschaft akzeptiert. Eine Frau kann mit oder ohne Mann, mit oder ohne Kinder leben. Sie kann berufstätig sein, Karriere machen, Geld oder viel Geld verdienen, Mutter und Hausfrau sein. Möglich ist alles. Keiner dieser Lebenswege wird heute mehr durchgängig gesellschaftlich diskriminiert. Dadurch erfährt auch das Verhältnis Frau, Kind und Familie einen Umschwung. Die Selbstverständlichkeit, mit der diese Dreieinigkeit noch vor gar nicht langer Zeit in die Lebensplanung der meisten Frauen und Männer einkalkuliert wurde, weicht zunehmender Skepsis gegenüber dieser Lebensform. Die Selbstbestimmung des einzelnen Menschen, die aktive Planung und Gestaltung des eigenen Lebens sind zentrale Wertvorstellungen unserer Gesellschaft. Wer nach ihnen lebt, vereint auf sich die Attribute des modernen, dynamischen Individuums. Nur: mit einer vielköpfigen Familie lassen sich diese Werte schwer vereinbaren. Für die Frauen noch viel weniger als für die Männer. Denn Mutter-Sein bedeutet für viele Fauen den Abschied von einem selbständigen, selbstbestimmten Leben, in dem der weitere Verlauf aktiv geplant und gestaltet werden kann. Mobilität und Flexibilität sind für die meisten Mütter nur noch Begriffe, die auf andere zutreffen. Sie selbst sind räumlich und zeitlich angebunden.

»Mutterwerden ist heute nicht mehr und nicht weniger als ein radikaler Bruch mit vielen der bisherigen Gewohnheiten und Lebensformen, der durcheinanderwirbelt, was vertraut und selbstverständlich erschien, ja der fast eine Art ›Biographiewechsel‹ verlangt, den Sprung in ein anderes Leben«, schreibt die Soziologin Elisabeth Beck-Gernsheim.[67] Die meisten Mütter können diese Einschätzung aus ihren eigenen Erfahrungen heraus nur bestätigen. Über 10 Millionen Frauen in Deutschland sind Hausfrauen. Die meisten von ihnen gaben ihre Erwerbstätigkeit ganz oder vorübergehend in dem Moment auf, als sie ihr erstes Kind bekamen. Denn Berufstätigkeit und Muttersein sind in diesem Land nur sehr schwer miteinander zu vereinbaren. Es gibt zu wenig Krippen-, Kindergarten- und Hortplätze. Die Öffnungszeiten der vorhandenen Einrichtungen sind nicht flexibel genug und richten sich zu wenig nach den Bedürfnissen berufstätiger Eltern. Es gibt keinen Mittagstisch, keine Hausaufgaben- und keine Ferienbetreuung in deutschen Schulen. Der Elternurlaub ist zu kurz, das Erziehungsgeld zu niedrig. Es gibt zu wenig Teilzeitarbeitsplätze, vor allem in Positionen, die ein hohes Qualifikationsniveau erfordern. Die pro Elternteil üblichen fünf Tage Sonderurlaub bei Krankheit eines Kindes sind nicht ausreichend. Und es gibt noch viel zu wenig Väter, die sich eigenverantwortlich in der Betreuung ihrer Kinder engagieren, geschweige denn, daß sie die Arbeit der Kinderbetreuung gemeinsam mit ihren Partnerinnen zu gleichen Teilen übernehmen.

Der Übergang von der Erwerbstätigkeit zum Hausfrauendasein ist für viele Frauen nicht weich und fließend, sondern bringt oft ein herbes Erwachen mit sich. Erwerbstätige verlassen jeden Morgen das Haus und kommen erst am späten Nachmittag oder am Abend wieder zurück. Hausfrauen haben ihren Arbeitsplatz da, wo sie wohnen. Sie müssen sich einen Tapetenwechsel organisieren, wenn ihnen zu Hause die Decke auf den Kopf fällt. Erwerbstätige haben Arbeitskolleginnen und -kollegen, mit denen sie sich über ihre Arbeit unterhalten können, mit denen sie aber auch nur die Neuigkeiten des Tages durchhecheln können. Hausfrauen haben keine KollegInnen, die mit ihnen in der gleichen Firma arbeiten. Ihre Kolleginnen sitzen in Millionen anderer Hoch-, Reihen-, Einfamilienhäuser, isoliert voneinander, vielfach ohne sich zu kennen, und haben tagsüber oft als einzige AnsprechpartnerInnen die Kassiererin im Supermarkt und ihre eigenen kleinen Kinder. Erwerbstätige haben eine geregelte Arbeitszeit. Hausfrauen arbeiten noch, wenn andere schon längst Feierabend haben. Erwerbstätige haben einen gesetzlichen Urlaubsanspruch. Hausfrauen müssen meist auch in den Ferien kochen, aufräumen und ihre Kinder betreuen. Erwerbstätige haben einen eigenen Rentenanspruch. Hausfrauen nicht. Erwerbstätige bekommen ein Gehalt. Hausfrauen arbeiten gegen Kost und Logis.[68]

Genügend Gründe, die immer mehr Frauen dazu veranlassen, den Beruf Hausfrau nicht mehr als Job fürs ganze Leben anzusehen. Kinder großzuziehen ist außerdem heute keine lebenslängliche Aufgabe mehr. Ich habe, wie viele andere Frauen, mit 26 meinen Sohn geboren. Wenn er mit 18 Jahren aus dem Haus geht, bin ich 44. Frauen werden im Schnitt 78 Jahre alt. Also liegen vor mir noch 34 »kinderlose« Jahre – weit mehr als ich mit Kind gelebt habe!

Nur noch zwölf Prozent der Frauen unter 30 Jahren, die kleine Kinder haben, sehen ein Hausfrauendasein als Perspektive fürs ganze Leben an.[69] Nur: Je mehr Kinder eine (Haus-)frau hat, um so schwieriger werden der Ausstieg aus der unbezahlten, kaum anerkannten Haus- und Familienarbeit und der Wiedereinstieg ins Erwerbsleben.

Denn wo sollen die Kinder untergebracht werden, wenn die Mutter arbeiten geht? Selbst wenn die Kinder schon im Schulalter sind, bleibt diese Frage noch bestehen. Das Jüngste hat vielleicht um 11.15 Uhr Schulschluß, das Mittlere um 12.15 und das Älteste um 13 Uhr. Das ist aber beileibe nicht jeden Tag so, sondern montags anders als dienstags, mittwochs anders als donnerstags und bei einem Kind wiederum anders als beim anderen. In welcher Zeit sollen denn die Mütter bei diesen Stundenplänen arbeiten gehen? Kein Gedanke wird in deutschen Kultusministerien darauf verwendet, daß es Millionen von Müttern die Erwerbstätigkeit erleichtern beziehungsweise überhaupt erstmal ermöglichen könnte, wenn in den verschiedenen Schulklassen für alle gleichzeitig der Gong den Schulschluß einläutete; wenn die jüngeren Kinder bis zu einem gemeinsamen Mittagstisch in der Schule spielen könnten, während die älteren noch lernen; wenn alle Kinder nach dem Schulessen ihre Übungsaufgaben in der Schule erledigen würden, und damit die Mütter endlich ihren ehrenamtlichen Job als unbezahlte Hilfslehrerinnen bei ihren Kindern loswürden. Es sind nämlich zu über 95 Prozent die Mütter und zu weniger als fünf Prozent die Väter, die den Kindern tagtäglich bei den Hausaufgaben helfen.[70]

Das Problem, Erwerbstätigkeit und Kinderhaben unter einen Hut zu bringen, ist schon bei einem Kind schwierig genug zu lösen. Bei mehreren Kindern ist es für Durchschnittsverdienerinnen, die sich kein teueres, privates Kindermädchen leisten können, kaum noch zu bewältigen.[71]

Ich selbst habe mich genau aus diesem Grund dafür entschieden, daß mein Sohn Jonas ein Einzelkind bleiben wird. Als selbständige Journalistin ist es mir gerade noch möglich, ein Kind mit meiner Arbeit zu vereinbaren. Würde ich noch ein zweites Kind bekommen, müßte ich – zum zweiten Mal – für mehrere Jahre beruflich sehr viel kürzer treten. Ich müßte danach fast noch einmal von vorn anfangen, um die Position, die ich mir in meiner Branche während der letzten Jahre erarbeitet habe, wiederzuerlangen. Zwei Kinder plus Job plus meine nebenberuflichen Interessen, ganz zu schweigen von

Freizeit für mich alleine oder gemeinsam mit meinem Partner – ich kann mir nicht vorstellen, dies alles miteinander vereinbaren zu können, ohne daß eines davon zu kurz kommt. Mein Beruf ist mir in meiner jetzigen Lebensphase sehr wichtig, und ich denke nicht daran, ihn aufzugeben, oder die Zeit, die ich für ihn aufwende, noch einmal drastisch zu reduzieren. Ich bin gerne Mutter, aber nicht ausschließlich. Wenn das egoistisch klingt, so nehme ich das auf mich. Frauen haben das Recht, beides zu wollen: Kind und Beruf. Was tun Väter denn anderes, als dieses Recht, beides zu haben, seit Urzeiten in die Praxis umzusetzen? Ein Vater kann sieben Kinder haben und das prima mit einer 60-Stunden-Woche vereinbaren – dank seiner Ehefrau, die dafür ihren Beruf an den Nagel hängen mußte, um sich nur noch um die gemeinsamen Kinder zu kümmern. Väter profilieren sich im Beruf in erster Linie durch eine Nicht-Leistung: sie kümmern sich nicht um ihre Kinder und sind deshalb in der Lage, ihre berufliche Karriere zu planen und durchzuführen. Mütter hingegen kommen im Berufsleben nicht aufgrund einer mangelnden Leistung zu kurz, sondern aufgrund einer Fähigkeit: ihrer Fähigkeit, Kinder zu gebären.

Halten wir uns das vor Augen, so ist es schon mutig genug für eine junge Frau von heute, überhaupt ein Kind zu bekommen! Und es ist nur allzu verständlich, wenn sie es dabei dann beläßt, weil sie eben auch noch ein Zipfelchen Zeit, ein Zipfelchen Energie für sich selbst behalten will.

## Alleinerziehende Mütter und Väter

Ein weiterer Grund für die hohe Zahl der Einzelkinder liegt in der steigenden Zahl der alleinerziehenden Mütter und Väter.

○ Von den knapp vier Millionen Einzelkindern wachsen rund 800 000 bei nur einem Elternteil auf; mehr als drei Viertel von ihnen leben bei ihrer Mutter, die übrigen beim Vater.[72]

Die Scheidungsquoten sind seit über 20 Jahren steigend. Es ist auch nicht abzusehen, daß sich hieran etwas ändert. In

Deutschland werden jedes Jahr über 100 000 Ehen geschieden, das bedeutet:

○ Jede dritte Ehe wird vor Gericht wieder aufgelöst.
Wenn ein Kind beziehungsweise Kinder da sind, leben sie nach der Scheidung bei einem Elternteil, meistens der Mutter. Die meisten Ehen werden bereits nach fünfeinhalb Jahren wieder geschieden. Diesem offiziellen Scheidungstermin geht in der Regel ein Jahr Trennungsdauer voraus, in dem die Paare ihre finanziellen Angelegenheiten auseinanderdividieren. Wir können davon ausgehen, daß die Beziehungen zwischen den Eheleuten schon davor nicht mehr harmonisch waren. Wenn ein Kind in der noch glücklichen Zeit zu Beginn der Ehe geboren wurde, reicht die Zeit für ein zweites Kind häufig schon gar nicht mehr aus: Zwischen den Eheleuten fängt es an zu kriseln, und es hat sich glücklicherweise schon herumgesprochen, daß ein Kind – auch ein zweites – kein Kitt für eine zerbröckelnde Partnerschaft ist.

Auch die Zahl der bei der Geburt ihrer Kinder ledigen Mütter steigt. Während die Anzahl der Geburten seit 1960 um mehr als ein Drittel gesunken ist, hat der Anteil der nicht-ehelich geborenen Kinder erheblich zugenommen.

○ Jährlich gibt es ungefähr 70 000 Kinder, deren Mütter bei ihrer Geburt nicht verheiratet sind. Die meisten von ihnen bleiben Einzelkinder.
Hinter diesen Zahlen verbergen sich unterschiedliche Schicksale und Motive. Es gibt, wie früher auch, ungewollt schwangere junge Frauen, die keine Abtreibung wollen, oder aber sich von ihren Eltern und den lauttönenden Parolen konservativer Kräfte überreden lassen, ihr Baby auszutragen.

Es gibt aber auch immer mehr Frauen, die sich bewußt gegen eine Ehe, aber für ein Kind entscheiden. Die meisten belassen es allerdings bei einem Kind, da ihr Kinderwunsch dadurch abgedeckt ist, und überdies ihre finanzielle Situation nicht mehr Kinder erlaubt. Weil sie für ihren Lebensunterhalt, und meistens auch für den ihrer Kinder allein aufkommen, müssen sie erwerbstätig sein. Aus Rücksicht auf ihr Kind können sie aber nicht jede Arbeit annehmen und verdienen deshalb schlechter. Außerdem müssen während ihrer Arbeitszeit die Kinder gut untergebracht werden. Das kostet erstens einiges (ein Krippenplatz für den ganzen Tag kostet im Schnitt rund 400 Mark im Monat; ein Kindergartenplatz zwischen 200 und 250 Mark); zweitens reichen die vorhandenen Unterbringungsmöglichkeiten bundesweit nicht aus; drittens sind deren Öffnungszeiten, wie gesagt, nicht genügend auf die Arbeitszeiten Erwerbstätiger abgestimmt.

## Späte »junge« Mütter

Die meisten Frauen bekommen mit knapp 27 Jahren zum ersten Mal ein Kind. Das Alter der »Erstgebärenden«, wie es so schön heißt, ist in den letzten Jahren immer mehr nach oben gerückt. Das ist einfach zu verstehen: Immer mehr Frauen haben erkannt, wie wichtig es für sie ist, einen Beruf zu erlernen und auch in ihm zu arbeiten. Gemeinsam mit ihrem Partner wollen sie sich dann erst einmal ein finanzielles Polster zulegen, ehe sie an die Familiengründung denken. Zudem wollen viele junge Paare erst ihre Ungebundenheit genießen. Die Verantwortung des Eltern-Seins kommt noch früh genug.

Wenn die Überlegung ansteht: »Ein zweites Kind? Ja oder Nein?« sind die meisten Mütter und Väter also schon knapp dreißig. Nicht wenige Eltern merken dann, daß ihr Kinderwunsch durch dieses eine Kind, das sie bereits haben, zunächst befriedigt ist. Vielleicht will die Mutter wieder verstärkt erwerbstätig sein, wenn ihr Kind in den Kindergarten geht. Und auch der Vater genießt es, daß seine väterlichen Pflichten wie nächtliches Aufstehen, Geschichten vorlesen gleich nach der Arbeit und das Rund-um-die Uhr-Programm am Wochenende bereits etwas geringer geworden sind, weil das Kind schon selbständiger ist. Beide Elternteile merken jetzt vielleicht, wie froh sie sind, daß ihr älter gewordenes Kind ihnen wieder mehr Raum für sich selbst läßt, und sie überlegen, ob sie diese Freiräume durch ein zweites Kind wirklich wieder aufs Spiel setzen wollen. Manche Eltern überlegen jahrelang.

Das erste Kind ist auf einmal sieben Jahre alt oder noch älter – und Frau und Mann gewöhnen sich immer mehr an das schöne Leben zu dritt. Oft wird die Entscheidung für ein zweites Kind dann auf den St.-Nimmerleins-Tag verschoben.

Eine Mutter aus unserem Kindergarten, deren Tochter damals fünf Jahre alt war, erzählte mir:

»Sich für ein zweites Kind zu entscheiden, ist auch nicht einfacher als beim ersten. Klar, du hast dich mittlerweile daran gewöhnt, daß dein Leben mit Kind total anders aussieht als ohne. Aber trotzdem: Mit einem Kind kannst du ja noch viele Sachen machen, die mit zweien schon nicht mehr gehen. Wenn du arbeiten gehst und der Kindergarten fällt aus, kannst du eines noch einigermaßen problemlos bei Freunden unterbringen. Bei zweien ist das schon eine Zumutung für die andere Mutter. Und wenn ich mir vorstelle, daß bei einem weiteren Baby alles wieder von vorn losgeht: das Aufstehen nachts, das Schreien tagsüber, wo man so oft nicht weiß: Was hat's denn jetzt eigentlich? Ich bin so froh, daß ich diese Zeit hinter mir habe. Ich weiß noch nicht, ob ich das jetzt alles noch einmal mitmachen will. Mein Mann und ich, wir genießen unser Leben zu dritt jetzt eigentlich sehr. Ob wir noch ein zweites Kind wollen, wissen wir immer noch nicht.«

27 Jahre ist das Durchschnittsalter für Erstgebärende. Es gibt aber auch eine wachsende Zahl von Frauen, die sich für eine noch spätere Mutterschaft entscheiden, die ihr erstes Kind um die Vierzig herum bekommen. Medizinisch ist es heute unproblematischer als früher, in diesem Alter zum ersten Mal ein Kind zu gebären. Untersuchungen zeigen, daß das Fußfassen im Beruf auch für Frauen eine immer wichtigere Rolle spielt. Wenn der Übergang in den Beruf aber nicht gelingt oder Schwierigkeiten macht, wird ein prinzipiell vorhandener Kinderwunsch weiter hinausgeschoben. Dies gilt nicht nur für Frauen mit einer sehr qualifizierten Ausbildung. Eine Untersuchung über arbeitslose Hauptschülerinnen zeigt, daß es aus der Perspektive der Mädchen eine »logische Abfolge« von biographischen Etappen gibt, und sie erst gewillt sind, in die nachfolgende Etappe einzusteigen, wenn sie die vorhergehenden erfolgreich durchlaufen haben. Die Perioden sind: Ausbildung und Beruf und erst dann Heiraten und

Kinderkriegen. Wird der Zugang zur »Station« Berufstätigkeit verzögert, dann verschieben auch diese Frauen die nächste »Station«, die Familie.[73]

Der Vorteil einer so späten Mutter-/Elternschaft liegt darin, daß die materiellen Voraussetzungen meist sehr viel besser sind als bei jungen Eltern. Beide konnten ihre berufliche Situation stabilisieren und diese Lebensphase auskosten. Vor allem aber haben Frau und Mann bereits eine Vielzahl von persönlichen Erfahrungen gemacht, eigene Interessen entwickelt, sich selbst und auch den anderen in seinen Stärken und Schwächen besser kennengelernt und ihre Beziehung zueinander gefestigt. Sie haben nicht mehr das Gefühl, wegen des Kindes etwas zu versäumen. Das Kind kommt in ein wirklich gut gemachtes Nest.

»Ich habe es sehr genossen, erst so spät Mutter zu werden«, erzählte mir eine befreundete Psychologin. »Ich fühle mich jetzt reif für ein Kind. Vorher hätte ich, wie so viele Frauen, die sehr jung Mutter werden, immer das Gefühl gehabt, im Beruf und auch im Privatleben etwas zu versäumen.« Sie möchte kein zweites Kind mehr bekommen, weil sie zumindest wieder halbtags arbeiten möchte, wenn das Kind in die Schule kommt. »Und dann fühle ich mich wirklich zu alt, um noch einmal Mutter zu werden«.

Eine andere Freundin von mir, Doris, arbeitete 10 Jahre als Sozialarbeiterin in einer Drogenberatungsstelle. Als sie mit 41 ihr erstes Kind bekam, sagte sie: »Weil ich so lange und intensiv diese Arbeit gemacht habe, habe ich nicht das Gefühl, jetzt auf irgendetwas verzichten zu müssen oder irgendwelche Chancen zu versäumen. Im Gegenteil: Ich freue mich jetzt auf mein Kind. Denn Mutter zu sein, ist für mich jetzt eine ganz neue Erfahrung, die mich sehr bereichert.«

Nicht einfach ist allerdings auch für die »späten« Mütter der berufliche Wiedereinstieg. Während die jungen Mütter damit Schwierigkeiten haben, weil sie vor ihrer Familienpause zu wenig Arbeitserfahrung gesammelt haben, besteht das Problem für die älteren Mütter darin, daß sie jetzt, Mitte vierzig vielleicht, zu »alt« sind für viele potentielle Arbeitgeber. Besonders für sie kann es hilfreich sein, auch während der Familienphase den Kontakt zum Berufsleben aufrecht zu erhalten.

## Beste Voraussetzungen

Eltern wollen immer »das Beste« für ihre Kinder. Wir alle haben diesen Spruch von unseren eigenen Eltern oft genug gehört. Doch gerade wenn Eltern darüber nachdenken, was denn dieses Beste für ihr Kind nun eigentlich ist, können sie darauf kommen, daß ein zweites Kind möglicherweise nicht dazu gehört.

Die Ansprüche der Eltern an sich selbst und an ihre Erziehungsleistung sind gestiegen. Nie wurden so viele allgemeinverständliche Ratgeber geschrieben und gelesen wie heute, Elternzeitschriften verbuchen hohe Verkaufsziffern. Die Stichworte der Tips in Büchern und anderen Massenmedien reichen von »Stillen, das Beste für Ihr Baby«, »Kinderkrankheiten natürlich behandeln« und »Gesund kochen für Ihr Kind« über »Entspannungsmethoden speziell für die Kleinen«, »Die besten Kinderbücher und -kassetten« und »Schulprobleme? Was nun?« bis hin zu »Was tun, wenn die Kinder streiten?«, »Die Trotzphase der Dreijährigen« oder eben auch »Einzelkind – na und?«

Kinder laufen heute nicht mehr einfach so mit. Über ihre körperliche und geistige Gesundheit wird reflektiert und diskutiert. Und die wenigsten Eltern sind zufrieden damit, wenn ihr Kind stundenlang »einfach so« spielt. Da werden schon Kindergartenkinder beim Ballett, zur musikalischen Früherziehung und zum Töpfern angemeldet. Die Terminkalender von Schulkindern sind häufig ebenso randvoll wie der von ihrem Papa, der irgendwo als Manager tätig ist: Montag ist Fußballtraining, Dienstag Flötenunterricht, Mittwoch Schwimmkurs, Donnerstag nochmal Fußball, Freitag geht's zu den Pfadfindern und am Wochenende mit Mami und Papi ins Kinderkino, ins Kindertheater, in den Zoo. Im Winter buchen die Eltern einen Skikursus für ihre Sprößlinge, im Frühjahr einen Tenniskurs, im Sommer lassen sie die Kinder mit dem Klavierunterricht anfangen und im Herbst mit dem Yogakurs für Kinder ab acht Jahre an der Volkshochschule.

Um Mißverständnissen vorzubeugen: Hier ist nicht speziell die Rede von Einzelkindeltern, alle Eltern sind damit gemeint. Denn während früher die Auffassung vorherrschte, daß das

Schicksal der Menschen – und damit auch das unserer Kinder – in erster Linie in »Gottes Hand« liege, hat sich heute die Anschauung durchgesetzt, daß das Schicksal eines Menschen nicht vorbestimmt ist, sondern daß die Eltern einen maßgeblichen Einfluß auf die Entwicklung eines Kindes haben. »Frühförderung« heißt das Stichwort, unter dem die diversen elterlichen Anstrengungen laufen, ihren Kindern von klein auf ein möglichst breites Spektrum an Erfahrungsmöglichkeiten zu eröffnen. »Persönlichkeit Kind« lautet das Motto, unter dem die Eltern sich um die seelische und geistige Gesundheit ihres Kindes bemühen. Nur: diesen ganzen Anforderungen gerecht zu werden, bedeutet viel Anstrengung und Mühe – in erster Linie für die Mütter, die ja das Gros der Kinderarbeit auf sich nehmen. Einem Kind kategorisch einen Befehl zu erteilen (»Du räumst jetzt sofort dein Zimmer auf! ») und es (zum Beispiel mit »Stubenarrest«) zu bestrafen, wenn es ihn nicht befolgt, ist weniger zeitaufwendig, als – wie es heute von Eltern erwartet wird – mit ihm gemeinsam demokratisch über die Notwendigkeit des Aufräumens zu verhandeln. Unsere Kinder wurden emanzipiert. Sie sollen nicht mehr blindlings dem Diktat der Eltern unterstellt werden, sondern das Recht haben, Erklärungen und Mitspracherecht zu verlangen. Die Frauen haben sich aber auch emanzipiert. Sie haben das Recht für sich erworben, nicht mehr nur den berühmten drei Ks (Kinder, Küche, Kirche) zu dienen.

Elisabeth Beck-Gernsheim schreibt dazu: »Doch gerade die Ähnlichkeit dieser beiden Entwicklungen führt in eine historisch neue Konfliktsituation. Denn auf der einen Seite ist im ausgehenden 20. Jahrhundert eine Epoche erreicht, wo sowohl Frauen wie Kinder als Individuen mit eigenen Rechten und Bedürfnissen wahrgenommen werden. Auf der anderen Seite aber haben sich die Rahmenbedingungen der Erziehungsarbeit in eine Richtung entwickelt, die eine Berücksichtigung der Interessen beider Gruppen praktisch kaum zulassen. Denn wo die Ansprüche an die Erziehungsarbeit immer höher gesteckt werden, und wo diese Arbeit mehr denn je der Mutter zugewiesen ist, da kollidiert das Recht der Frau auf ein Stück ›eigenes Leben‹ geradezu zwangsläufig mit den Entwicklungs- und Betreuungsbedürfnissen des Kindes«.[74]

Wieder haben wir hier eine Situation, die Frauen entschärfen können, indem sie nur ein Kind bekommen.

Eine Studie zeigt, daß gerade Frauen, die selbst aus kinderreichen Familien stammen, heute die Ansicht vertreten, daß Qualität vor Quantität zu gehen hat. Das heißt: Sie wollen lieber weniger Kinder, dafür aber einen intensiveren Umgang mit ihnen.[75]

Die gestiegenen Eltern- und Kinderansprüche kosten aber nicht nur mehr Energie und Zeit als früher, sondern zudem auch noch eine Menge Geld. Denn nicht nur die verschiedenen Kurse, die die Kinder in ihrer Freizeit besuchen, kosten einiges, die Flöte, die Fußballschuhe mit Spikes und der Tennisschläger müssen schließlich auch noch angeschafft werden.

»Ihr sollt es doch einmal besser haben als wir« – dieser Ausspruch ist den meisten von uns ebenfalls bekannt und wenn wir ihn auch nicht mehr aussprechen sollten, so denken wir ihn vielleicht manchmal in der abgewandelten Form: »Ihr sollt es doch einmal wenigstens genauso gut haben wie wir«. Deshalb investieren Eltern in ihre Kinder. Da es uns aber bereits sehr gut geht – im Vergleich zur materiellen Situation unserer Eltern und Großeltern und im Vergleich zu Millionen von anderen Menschen auf dieser Erde – sind die Investitionen sehr hoch. Wenn nicht schon bei Kleinkindern, so stehen zusätzlich zum oben Genannten ab einem bestimmten Alter das eigene Zimmer mit dem entsprechenden Mobiliar, modische Outfits, Auslandsaufenthalte, Studium an. Da die meisten Eltern aber die Mutter nach wie vor für die beste Betreuungsperson für ihr Kind halten, muß das alles von einem, bestenfalls eineinhalb Gehältern bestritten werden. Das reicht oft aber nur für ein Kind.

## Kinderfreundliche Gesellschaft?

Es ist paradox: Überall wird der Geburtenrückgang beklagt, doch niemand unternimmt etwas dagegen, ihn zu stoppen. Wo wir hinsehen, nur halbherzige Versuche: Erziehungsurlaub von drei Jahren – immer noch zu kurz. Erziehungsgeld von 600 Mark – viel zu wenig. Kindergeld von 70 Mark – reicht gerade für gut zwei Pakete Windeln. Betreuungsangebote für Kleinkinder – nicht ausreichend. Teilzeitarbeitsplätze für berufstätige Väter und Mütter – nur in schlechteren Positionen und zu schmales Angebot. Gleichstellung der Hausfrau mit den Erwerbstätigen – Fehlanzeige. Nie war das Image der Hausfrauen so schlecht wie heute. Diese Liste ließe sich noch beliebig fortsetzen. Wer meint, junge Paare mit Lockangeboten wie dem Familiengründungsdarlehen überreden zu können, Kinder in die Welt zu setzen, hat sich offensichtlich getäuscht. Von einer Wende bei der Geburtenziffer kann keine Rede sein. Denn es wird von den potentiellen jungen Eltern heute nicht mehr übersehen, daß die Grundstrukturen unserer Gesellschaft ein Leben mit Kindern sehr schwierig machen.

Die bereits zitierte Soziologin Elisabeth Beck-Gernsheim schreibt dazu: »Effizienz und Leistung, Pünktlichkeit und Berechenbarkeit, Ordnung und Organisation, das sind die Prinzipien der technisch-wissenschaftlichen Zivilisation, die immer dichter auch die Alltagswelt durchdringen. Aber Kinder sind anders, nicht berechenbar und nicht rational. Sie haben ihre eigenen Lebensrhythmen, die sich nur bedingt in ein vorgegebenes Schema einpassen lassen. Sie sind spontan, ungezähmt, mit einem Wort: lebendig, sind voller Neugier, Entdeckungslust, Bewegungsdrang. Und deshalb ›stören‹ sie, sind der Sand im Funktionsgetriebe, ob im Supermarkt oder im Straßenverkehr. In unserer durchorganisierten Welt verkörpert das Kind das ›Irrationale‹, das Archaische und Elementare. Die Kinderstube ist der Treffpunkt der Urzeit und der Zivilisation, anders gesagt: der Aufeinanderprall von Urzeit und Uhrzeit.«[76]

Morgens, zehn Minuten vor acht in einer Großstadt. Endlose Schlangen von Lastwagen, Bussen, Taxis und PKWs beherrschen die Straßen der Innenstadt und der Randgebiete. Dazwischen: Kinder, die zur Schule gehen. Sie müssen Fußgängerüberwege überqueren, an Ampeln stehenbleiben, bei Grün losgehen, auf abbiegende Fahrzeuge achten. Jedes Jahr kommen rund 450 Kinder durch Verkehrsunfälle zu Tode. Aber die Autofahrer und ihre Lobby wehren sich seit Jahren erfolgreich gegen ein durchgängiges Tempo 30 in Wohngebieten.

Ist unsere Gesellschaft so kinderfreundlich, daß wir mit Freuden Kinder bekommen können?

Vormittags zehn Uhr. Mütter mit Kinderwägen schlängeln sich über zu enge Gehwege, müssen an Kreuzungen auf die Fahrbahn ausweichen, da der Gehweg von parkenden Autos verstellt ist, stehen hilfesuchend vor Unterführungen, Zugängen zur U- und S-Bahn, Eingängen zu öffentlichen Gebäuden, die immer noch nicht mit Rolltreppen, Lifts oder Rampen ausgestattet sind.

Kinderfreundlich?

Babys brauchen viel frische Luft, kleine Kinder sollen oft draußen spielen, damit ihr Bewegungsdrang befriedigt wird, und sie sich austoben können. So empfehlen es richtigerweise alle ExpertInnen. Aber wie und wo denn, bitte schön? Im tristen Hinterhof der Mietskaserne? Auf dem englischen Rasen vor dem Hochhaus? Auf dem asphaltierten 1,50 Meter breiten Gehweg neben der Autostraße? Das wollen die meisten Mütter ihren Kinder nicht zumuten und setzen sich deshalb in Bewegung: Sie schieben ihr Baby stundenlang durch Parks und laufen oder fahren mit Auto, Fahrrad oder öffentlichen Verkehrsmitteln mit den Größeren zum nächsten Spielplatz. Reden wir jetzt gar nicht von dem zeitlichen Aufwand, den die Mütter für diese »Ausflüge« treiben müssen. Was finden sie denn aber dort, wo sie ihren Kindern zuliebe hingehen? Die großstädtische Luft in city-nahen Parks ist auch nicht viel besser als die am Hauptbahnhof. Frische Luft fürs Baby? Und weiter: Viele Kinderspielplätze entsprechen nicht nur den neuesten pädagogischen Erkenntnissen über das Spielbedürfnis von Kindern, sondern auch den simpelsten Sicherheitsvorkehrungen *nicht*. Der Diplom-Pädagoge Roland Seeger hat in einer wissenschaftlichen Arbeit 5000 Spielplätze in der Bundesrepublik untersucht. Das Ergebnis ist kein Kompliment: »Die meisten Spielplätze sind abgelegen, pflegeleicht, phantasielos und langweilig«.[77]

Und sie sind nicht selten auch gefährlich: Da gibt es Beton statt Sand oder Gras unter dem Klettergerüst; das Metall der Wippe ist rostig; die Holzbalken von Sandkastenumrandungen sind morsch und splittern; im Sand selbst: Hunde- und Katzenkot.

Kinderfreundlich?

Wir können noch weiterreden – von den zu wenigen und viel zu teueren Mietswohnungen für Familien mit Kindern (die sie schließlich ins Eigenheim treiben, was sie soviel kostet, daß sie auf die Erwerbstätigkeit der Mutter gar nicht mehr verzichten können, aber auf ein zweites Kind verzichten müssen); von Klingelknöpfen in Mehrfamilienhäusern, die so hoch angebracht sind, daß sie von kleinen Kindern nicht erreicht werden können; von den schiefen Blicken unserer lieben Mitmenschen, wenn unsere Kinder im Geschäft, im Restaurant, im Zug oder anderswo »über die Stränge schlagen«; von den Wohnungen, in der Kinderzimmer und Küche die kleinsten Räume sind (vom Klo mal abgesehen); von den vielen Veranstaltungen, die sich speziell an Mütter und Väter richten, bei denen aber keine Kinderbetreuung vorgesehen ist; von den Schulbussen, in denen nicht ausreichend Sitzplätze vorhanden sind, so daß die Kinder sich darum rangeln müssen und die »Verlierer« im Bus *stehen* müssen (in privaten PKWs herrscht sinnvollerweise Anschnallpflicht auf allen Plätzen!); ganz zu schweigen von NachbarInnen, die sich immer noch über das »Kindergeschrei« in der Wohnung über ihnen, im Treppenhaus, im Hof oder auf der Straße aufregen.

Kinderfreundlich?

Wen wundert es denn, wenn immer mehr junge Paare sich dazu entschließen kinderlos zu bleiben oder allerhöchstens ein Kind zu bekommen? Fromme Sprüche dürften nicht ausreichen, um sie über die tatsächliche Kinderunfreundlichkeit, auf die sie überall stoßen, hinwegzutäuschen.

---

### Gute Gründe für ein Einzelkind

* Das Leben als Hausfrau sehen nur noch 12% der unter 30jährigen Frauen als Perspektive fürs ganze Leben an.
* Männer können erwerbstätig sein *und* Kinder haben. Mütter haben dasselbe Recht. Solange Berufstätigkeit und Kinderhaben so schwer zu vereinbaren sind, ist die Ent-

scheidung für ein Einzelkind für viele Mütter der einzig gangbare Weg.

* Jede dritte Ehe wird heute geschieden, meistens bereits nach etwa fünf Jahren. Für ein zweites Kind reicht die harmonische Zeit zwischen den Partnern oft gar nicht mehr aus.
* Zuerst Ausbildung und Beruf, dann Heiraten und Kind: Frauen bekommen heute ihr erstes Kind sehr viel später als früher. Dadurch verschiebt sich der Termin für ein weiteres oder es gibt gar keins mehr.
* Noch nie war es so teuer ein Kind zu haben wie heute. Kindererziehung kostet heute sehr viel Energie, Zeit und Geld. »Wir investieren nur in ein Kind, dafür aber richtig«, sagen sich viele Eltern.
* Unsere Gesellschaft ist nicht so kinderfreundlich, wie oft vorgegeben wird. Viele junge Paare lassen sich da kein X mehr für ein U vormachen.

# SPIELEIDEEN FÜRS EINZELKIND

von Cornelia Nitsch

## ALLEINE SPIELEN – GERADE DAS MACHT OFT DEN GRÖSSTEN SPASS

Einzelkinder sind meist viel unterwegs: bei Freunden zum Spielen. Oder die Freunde kommen zu ihnen nach Hause. Oft rührt sich aber auch gar nichts. Keiner hat Zeit. Keiner kommt vorbei.

In diesen Zeiten könnten die Spiele auf den folgenden Seiten nützlich sein. Viele Anregungen, zuerst einmal gedacht für Sie, für die Mütter und Väter. Jede Menge Spielanregungen, die Sie an Ihren Sohn oder Ihre Tochter weitergeben können.

## PINGPONG ALLEIN

**Die Vorbereitungen für das Spiel:**
Als Spielfläche braucht Ihr Kind einen Tisch, als Spielzeug einen Pingpong- oder Tennisball.
**Das Spiel kann beginnen:**
Ihr Kind setzt sich an einen Tisch, legt die Arme auf den Tisch und streckt sie weit von sich. (Krümmen ist nicht erlaubt!)

Jetzt schlägt es den Ball mit der rechten Hand ab und fängt ihn mit der linken auf. Oder – schon schwieriger – schlägt ihn mit der linken Hand gleich zurück.

Für Kinder ab 6 Jahre

## LUFT BLASEN

**Die Vorbereitungen für das Spiel:**
Sie blasen einen Luftballon auf und verknoten ihn.
**Das Spiel kann beginnen:**
Der Luftballon wird in die Luft geworfen und dann bemüht sich Ihr Kind, ihn per Kopf oder Nase, per Finger oder Faust immer wieder so anzustupsen, daß er möglichst lange in der Luft bleibt.

Schwieriger wird das Ganze, wenn der Ballon auch noch per Anstoßen mit der Fußspitze, dem Knie, dem Oberschenkel daran gehindert werden soll, auf den Boden zu fallen.

Ihr Kind kann seine Kicks zählen und dann versuchen, sich selbst zu übertreffen.

Für Kinder ab 7 Jahre

## DAS BALLONPFERD

**Die Vorbereitungen für das Spiel:**
Sie blasen einen Luftballon auf, binden ihn gut zu und geben ihn Ihrem Kind als »Reitpferd«. An die Öffnung binden Sie eine große Schlaufe.
**Das Spiel kann beginnen:**
Ihr Kind macht aus dem Ballon ein Pferd, schneidet Augen aus Papier, pappt sie mit Hilfe kleiner Röllchen aus Klebestreifen auf den Ballon. Dann besteigt es sein »Reitpferd« und nimmt die Zügel in die Hand. (Nach einigen Runden Galopp platzt der Ballon und das macht erst recht Spaß.)

Für Kinder ab 4 Jahre

## JEDE MENGE HÄUSER IM KINDERZIMMER

**Die Vorbereitungen für das Spiel:**
Sie stellen Ihrem Kind einen langen dicken Bindfaden zur Verfügung, weiße Papiere (in Postkartengröße), Wäscheklammern und Stifte.
**Das Spiel kann beginnen:**
Das Spiel besteht aus zwei Teilen.
Teil 1: Ihr Kind malt Häuserfassaden auf die Papiere – jeweils Vor- und Rückseite eines Hauses. Es spannt die Leine einmal quer durchs Kinderzimmer und hängt die Häuser daran. Die Leine niedrig spannen, damit die Häuser nicht in der Luft schweben, sondern auf dem Boden – an der »Straße« – stehen.
Teil 2: Jetzt wird mit der fertigen Stadt gespielt. Ihr Kind kurvt mit seinen Spielautos um die Häuser herum, parkt davor, usw.

Für Kinder ab 6 Jahre

## DIE SONNE FÜHLEN

Ein Spiel für drinnen. Die Voraussetzung für das Spiel: Die Sonne muß ins Zimmer scheinen. (Möglichst schon seit längerer Zeit.)

**Die Vorbereitungen für das Spiel:**
Sie regen Ihr Kind an, Schuhe und Strümpfe auszuziehen und Sie verbinden ihm die Augen.

**Das Spiel kann beginnen:**
Ihr Kind wandert, sich vorsichtig vorwärtstastend, ganz langsam Schritt für Schritt durchs Zimmer und versucht zu spüren, wann es einen Sonnenfleck auf dem Boden berührt und wann es wieder in schattige Gefilde kommt.

Für Kinder ab 5 Jahre

## TASTSPIEL MIT DEN FÜSSEN

**Die Vorbereitungen für das Spiel:**
Ihr Kind verteilt einige Spielzeuge auf dem Boden. Und es zieht sich Schuhe und Strümpfe aus. Sie verbinden ihm die Augen und drehen es einmal um die eigene Achse.

**Das Spiel kann beginnen:**
Ihr Kind versucht vorsichtig, ein Spielzeug nach dem anderen zu finden und versucht per Tasten mit dem Fuß herauszufinden, welches Spielzeug es jeweils vor sich hat. Und das ist gar nicht so einfach.

Für Kinder ab 5 Jahre

## ENTFERNUNGEN SCHÄTZEN

**Die Vorbereitungen für das Spiel:**
Wieder Schuhe und Strümpfe ausziehen. Und Zettel und Bleistift holen.
**Das Spiel kann beginnen:**
Ihr Kind stellt sich selbst Aufgaben – zum Beispiel: Wieviel Fuß lang ist der Flur? Oder wieviel Fuß breit ist das Badezimmer? Es schreibt seine Schätzungen auf und prüft dann (Fuß vor Fuß gesetzt) nach, ob sie richtig waren.
Für Kinder ab 8 Jahre

## WENN AUS DEM GESICHT EIN GEMÄLDE WIRD

**Die Vorbereitungen für das Spiel:**
Sie versorgen Ihr Kind mit Faschingschminke oder mit Hautcreme, Lippen- und Augenbrauenstift.
**Das Spiel kann beginnen:**
Mit Hilfe von Stiften und Creme oder mit Schminke verwandelt Ihr Kind sein Gesicht in ein Gemälde – zum Beispiel in eine Landschaft oder in ein Fantasiegemälde.
Für Kinder ab 5 Jahre

## ALLEIN THEATER SPIELEN

**Die Vorbereitungen für das Spiel:**
Sie schreiben eine Menge Eigenschaftswörter auf einen Zettel – zum Beispiel: furchterfüllt, abwehrend, interessiert, neugierig, verständnisvoll, traurig, einsam, schmerzerfüllt, wütend, aufgeregt, gespannt, abweisend, lächelnd, offen, schwach, krank, usw. Sie geben diesen Zettel an Ihr Kind weiter mit der Anregung, diese verschiedenen Stimmungen darzustellen.
**Das Spiel kann beginnen:**
Ihr Kind stellt sich vor den Spiegel, studiert das eigene Gesicht und versucht diese Stimmungen darzustellen.
Für Kinder ab 12 Jahre

## SELBSTPORTRAITS

**Die Vorbereitungen für das Spiel:**
Sie brauchen einen einfachen Fotoapparat. Animieren Sie Ihr Kind, sich per Selbstauslöser zu fotografieren.
**Das Spiel kann beginnen:**
Eine spannende Erfahrung, sich selbst zu fotografieren. Ganz locker und normal oder lieber in Pose? Schwarzweiß oder in Farbe? Drinnen oder draußen? In verschiedenen Rollen? Mit Verkleidung oder ohne?

Für Kinder ab 11 Jahre

## BLINDEKUH MAL ANDERS

**Die Vorbereitungen für das Spiel:**
Sie verbinden Ihrem Kind die Augen und drehen es einmal im Kreis. Das Ganze findet in der Küche statt. Dann beauftragen Sie es, ein bestimmtes Spielzeug aus dem Kinderzimmer zu holen – zum Beispiel einen Teddy.
**Das Spiel kann beginnen:**
Ihr Kind tastet sich vorsichtig und langsam von der Küche ins Kinderzimmer, versucht den Teddy zu finden und Ihnen zu bringen.

Für Kinder ab 7 Jahre

## BUCHSTABEN SUCHEN IM ZIMMER

**Die Vorbereitungen für das Spiel:**
Sie regen Ihr Kind an, zu jedem Buchstaben des Alphabets einen Gegenstand in der Küche zu finden. Zum Beispiel: A = Apfelsine, B = Brotmesser, usw.
**Das Spiel kann beginnen:**
Ihr Kind macht sich auf die Suche und fertigt eine A bis Z-Liste.

Für Kinder ab 10 Jahre

## DER STECKBRIEF

**Die Vorbereitungen für das Spiel:**
Sie geben Ihrem Kind den folgenden, verschlüsselten »Steckbrief« als Anregung, selber Suchspiele nach dem gleichen Muster zu entwickeln. In dem »Steckbrief« wird eine Ihrer Familie bekannte Person nicht zu deutlich, sondern recht vage beschrieben. Ein Beispiel:
Gesucht wird: Eine Frau. Älter als 30 Jahre. Nicht berufstätig. Blondes Haar. Locken usw.
**Das Spiel kann beginnen:**
Ihr Kind fertigt mehrere »Steckbriefe« von verschiedenen Personen, vervielfältigt jeden Steckbrief (eventuell mit Hilfe von Schreibmaschine und Durchschlagpapier), verteilt die Papiere gleichzeitig an Mutter und Vater. Wer errät zuerst, wer gemeint ist?
Für Kinder ab 12 Jahre

## BIERDECKEL KULLERN

**Die Vorbereitungen für das Spiel:**
Sie stellen ein paar runde Bierdeckel zur Verfügung, farbiges Papier, eine Schere und Klebstoff.
**Das Spiel kann beginnen:**
Ihr Kind beklebt die Bierdeckel mit bunten Schnipseln, die es aus den bunten Papieren schneidet. Dann läßt es einen Deckel nach dem anderen über den Fußboden trudeln und schließt vorher Wetten mit sich selbst ab: »Welcher Deckel rollt am weitesten oder am wenigsten weit?«
Für Kinder ab 6 Jahre

## DER KLIMPERKASTEN

**Die Vorbereitungen für das Spiel:**
Sie brauchen eine kleine runde Blechdose. (Zum Beispiel eine leere Bonbondose.) Sie füllen die Dose mit Steinchen und verkleben sie mit Isolierband.
**Das Spiel kann beginnen:**
Verschiedene Spiele bieten sich an:
1. Spiel: Die Dose senkrecht auf glatten Boden stellen. Sie ganz vorsichtig mit einem Fuß antippen und ins Rollen bringen. Auf diese Weise versuchen, die Dose durchs Zimmer zu bugsieren, ohne daß sie umkippt.
2. Spiel: Die Dose wieder senkrecht stellen. Sie dann an einem Stück Bindfaden entlangrollen lassen – an einem Faden, der schnurgerade auf dem Boden liegt. (Auf glattem Boden spielen.)
3. Spiel: Hüppekästchen mit der Dose spielen. Die Dose auf einem Plattenweg von einer Platte zur anderen kicken. Auf einem Bein hüpfen und die Dose vor sich herschießen. Landet die Dose auf einer Fuge, gibt's einen Minuspunkt.
4. Spiel: Mit der Dose »Musik« machen. Singen und dazu im Takt klimpern.

Für Kinder ab 8 Jahre

## BECHERSPIEL MIT WASSER

**Die Vorbereitungen für das Spiel:**
Das Spiel findet draußen statt – zum Beispiel auf einem gepflasterten Weg. Auf dem Weg mit Hilfe eines Steins ein Ziel markieren. Gespielt wird mit einem stabilen Kunststoffbecher, der fast bis zum Rand mit Wasser gefüllt ist.
**Das Spiel kann beginnen:**
Den Wasserbecher auf den Boden stellen und dann so schnell wie möglich mit der Fußspitze in Richtung Ziel schieben. Aber es darf kein Tröpfchen Wasser überlaufen. Ist der erste Versuch gelungen, das Ganze in flotterem Tempo wiederholen.

Für Kinder ab 7 Jahre

## IN DER ZWERGENWELT

**Die Vorbereitungen für das Spiel:**
Sowohl drinnen als auch draußen läßt sich dieses Spiel machen. Voraussetzung dafür: Ihr Kind braucht ein Fernrohr zum Spielen und eine Rolle Bindfaden.
**Das Spiel kann beginnen:**
Eine lange Strecke Bindfaden wird kreuz und quer durch die Wohnung gelegt – eine Strecke mit vielen Kurven. Dann schaut Ihr Kind durchs Fernrohr und geht die Strecke ab. Der Spaß daran: Es hält das Fernrohr verkehrt herum.
**Eine Variante des Spiels:**
Das Fernrohr wieder verkehrt herum vor die Augen halten und dann spazierengehen. (Zum Beispiel durch den Garten oder durch die Wohnung.)
Für Kinder ab 6 Jahre

## STIFTE PUSTEN

**Die Vorbereitungen für das Spiel:**
Gespielt wird mit einem Stift auf glattem Untergrund – zum Beispiel in der Küche oder im Bad auf dem Boden.
**Das Spiel kann beginnen:**
Den Stift auf den Boden legen und dann per Pusten voranbringen bis zu einem vorher festgelegten Ziel.
Für Kinder ab 5 Jahre

## FARBTROPFEN IM WASSER

**Die Vorbereitungen für das Spiel:**
Gebraucht werden für dieses Spiel ein Glas mit Wasser, Pinsel und Wasserfarben.
**Das Spiel kann beginnen:**
Mit dem Pinsel und wenig Wasser rührt Ihr Kind Farbe aus dem Tuschkasten in einem Näpfchen an. Es läßt dann Farbe vom Pinsel ins Wasser tropfen. Die Farbtropfen verteilen sich langsam im Wasser und bilden interessante Schlieren. Noch mehr Spaß macht es, mehrere Farben gleichzeitig ins Wasser tropfen zu lassen und zuzuschauen, wie sie sich vermischen.

Für Kinder ab 4 Jahre

## PUSTEBILDER

**Die Vorbereitungen für das Spiel:**
Zeichenpapier brauchen Sie für dieses altbewährte Malspiel, dazu Pinsel, Tuschkasten und ein Glas mit Wasser.
**Das Spiel kann beginnen:**
Mit dem nassen Pinsel gibt Ihr Kind einen dicken Farbklecks aufs Papier. Anschließend bläst es die Farbe mit aller Kraft kreuz und quer übers Blatt. Dieses Spiel wird nie langweilig.

Für Kinder ab 4 Jahre

## DOPPELBILDER MALEN

**Die Vorbereitungen für das Spiel:**
Versorgen Sie Ihr Kind mit einem großen Bogen Papier und zwei Stiften.
**Das Spiel kann beginnen:**
Ihr Kind nimmt einen Stift in die rechte, einen in die linke Hand und versucht, mit beiden Händen gleichzeitig, ein Bild aufs Papier zu bringen – zum Beispiel eine Sonne oder ein Haus.

Für Kinder ab 6 Jahre

## BILDER-BUCH ZUM SELBERMACHEN

**Die Vorbereitungen für das Spiel:**
Sie brauchen ein Schreibheft ohne Linien. Sie zeichnen auf jede Seite den Anfang eines Bildes – zum Beispiel:
Seite 1 = Kreis mitten aufs Blatt. Seite 2 = eine halbierte Acht in die untere rechte Ecke. Seite 3 = eine Sonne mitten aufs Blatt usw.
**Das Spiel kann beginnen:**
Mit Fantasie vervollständigt Ihr Kind nach und nach ein Bild nach dem anderen.
Für Kinder ab 5 Jahre

## BUCHSTABENCLOWNS

**Die Vorbereitungen für das Spiel:**
Sie regen Ihr Kind an, alle Buchstaben des Alphabets zu malen, jeden Buchstaben in einen anderen Clown zu verwandeln.
**Das Spiel kann beginnen:**
Aus dem A macht Ihr Kind zum Beispiel einen Clown, der zwischen seinen Beinen nach hinten schaut. Aus dem B einen Clown mit dickem Bauch und vorgestrecktem Bein, das sich biegt usw.
Für Kinder ab 8 Jahre

## DIE MARIONETTE

**Die Vorbereitungen für das Spiel:**
Sie schreiben quer über ein Blatt die Buchstaben A bis H nebeneinander. (Abstand zwischen den Buchstaben lassen.) Dann geben Sie das Papier weiter.
**Das Spiel kann beginnen:**
Ihr Kind zeichnet eine Marionettenpuppe mitten aufs Blatt. Dann verbindet es acht verschiedene Punkte auf der Marionette mit den acht vorgegebenen Buchstaben. Es fabriziert aus den Verbindungslinien ein verworrenes Labyrinth, das Sie später wieder entwirren dürfen: Welcher Buchstabe und welcher Punkt auf der Marionette gehören zusammen?

Für Kinder ab 6 Jahre

## BILDERRÄTSEL ERFINDEN

**Die Vorbereitungen für das Spiel:**
Sie geben Ihrem Kind ein einfaches Bilderrätsel vor. Zum Beispiel zeichnen Sie einen KAHN. Und schreiben neben den Kahn 1 = B. Drunter zeichnen Sie einen SCHRANK und schreiben rechts neben den Schrank + E. Des Rätsels Lösung: Das Wort BAHNSCHRANKE wird gesucht.
**Das Spiel beginnt:**
Ihr Kind denkt sich Bilderrätsel nach dem gleichen Prinzip aus, zeichnet die Rätsel in ein Oktavheft und gibt das Rätselheft Ihnen, damit Sie die Rätsel lösen.

Für Kinder ab 10 Jahre

## GROSSWILDJAGD

**Die Vorbereitungen für das Spiel:**
Sie geben Ihrem Kind ein Raster vor, bestehend aus 5 mal 7 Kästchen.
**Das Spiel kann beginnen:**
Ihr Kind schreibt in jedes Kästchen einen Buchstaben, versteckt dabei in jeder Reihe einen bestimmten Buchstaben, der zum Namen eines wilden Tieres gehört (zum Beispiel PANTHER). Sie lösen das Rätsel später wieder.

Für Kinder ab 9 Jahre

## WER MALT KÖNIG KARL-AUGUST?

**Die Vorbereitungen für das Spiel:**
Sie geben Ihrem Kind auf einem Zettel eine genaue Beschreibung von König Karl-August vor – die könnte zum Beispiel so aussehen:
- König Karl-August hat einen kantigen Riesenschädel.
- König Karl-August hat rosarote Löckchen, die bis zur Schulter reichen.
- König Karl-August hat viele Falten auf der Stirn.
- König Karl-August hat lustige kleine hellgrüne Augen und buschige, dunkelbraune Augenbrauen.
- König Karl-August hat eine Nase wie eine Gurke.
- König Karl-August hat einen ganz kleinen Mund und ein sehr spitzes Kinn.
- König Karl-August hat einen langen, dünnen Hals.

**Das Spiel kann beginnen:**
Ihr Kind malt König Karl-August nach Ihren Vorgaben. Es macht danach selbst eine Liste. Sie malen dann später nach seinen Vorgaben.

Für Kinder ab 9 Jahre

## VERSTECKSPIEL MIT MALEN

**Die Vorbereitungen für das Spiel:**
Sie schreiben zehn Gegenstände auf zehn kleine Zettel – zum Beispiel:
Ball, Tasse, Vase, Teddy, Puppe, Lampe, Stuhl, Handschuh, Blumentopf, Hundehütte.

Dann falten Sie die Zettel zusammen und verstecken die Zettel im Kinderzimmer – jedes Papier an einem anderen Platz.

**Das Spiel kann beginnen:**
Ihr Kind macht sich auf die Suche nach den Zetteln. Es malt, was darauf vorgegeben ist und holt sich dann bei Ihnen ein dickes Lob ab für die komplette Liste.

Für Kinder ab 7 Jahre

## MIT DEN HÄNDEN SPIELEN

**Die Vorbereitungen für das Spiel:**
Auch hier geht's ums Malen. Mit ein paar Filzstiften werden lauter Hände auf Papier gebracht.

**Das Spiel kann beginnen:**
Die linke Hand liegt auf einem Blatt Papier. Ihr Sohn oder Ihre Tochter umrandet die Hand mit einem Stift. Dann wird die Hand ein wenig verschoben und wieder umrandet, usw. Auf dem Papier sind schließlich lauter Hände zu sehen, die neben- und übereinander liegen. Jetzt werden die Finger bemalt: Jedes Feld auf dem Papier bekommt ein Muster in einer anderen Farbe. Große Punkte, kleine Punkte, Längsstreifen, Querstreifen – ganz verschiedene Muster ergeben sich. Schließlich sind die Hände und Finger kaum noch zu erkennen.

Für Kinder ab 8 Jahre

## BUCHSTABEN WERDEN TIERKÖPFE

**Die Vorbereitungen für das Spiel:**
Sie schreiben viele Tiernamen in großen Druckbuchstaben auf einen Zettel – zum Beispiel: Löwe, Kuh, Hund, Katze, Schlange, Kamel, Maus und geben den Zettel an Ihr Kind weiter.
**Das Spiel kann beginnen:**
Ein Buchstabe in jedem Tiernamen soll in das entsprechende Tier verwandelt werden (oder auch nur in einen Teil davon). Ein Beispiel: Ihr Kind macht aus dem U im Wort HUND einen HUNDEKOPF: Malt Ohren daran, Augen und Schnauze hinein. Manchmal liegt gleich auf der Hand, aus welchem Buchstaben das Tier entstehen könnte und manchmal läßt es sich gar nicht machen.

Für Kinder ab 12 Jahre

## DAS KATZENSPIEL

**Die Vorbereitungen für das Spiel:**
Zuerst wird gebastelt, dann mit dem selbstgemachten Spielzeug gespielt. Die Bastelanleitung: Von dem Deckel eines Schuhkartons eine Schmalseite abschneiden und in der Mitte – gleich am Rand des Deckels – einen roten Punkt markieren.

Dann vier kleine Katzen malen. Die Katzen ausschneiden und – gut verteilt – auf den Deckel kleben (Innenseite).
**Das Spiel kann beginnen:**
Ihr Kind versucht, einen Knopf vom Startpunkt aus so aufs Spielfeld zu schnippen, daß der Knopf eine Katze trifft. Wenn's gelingt, gibt's einen Punkt. Und mit der Zeit bricht Ihr Kind seine eigenen Rekorde.

Für Kinder ab 8 Jahre

## DIE KÄSESCHACHTELMAUS

**Die Vorbereitungen für das Spiel:**
Erst wird auch hier wieder gebastelt, dann gespielt. Die Bastelanleitung: Zwei kleine Häuser auf dünnen Karton malen und ausschneiden. (Breite eines Hauses vier Zentimeter, Höhe 8 Zentimeter.) Die Häuser auf den Innenrand einer runden, möglichst großen Käseschachtel kleben (kann auch eine ekkige Schachtel sein). Die Häuser sollen in einigem Abstand voneinander am Rand kleben.
**Das Spiel kann beginnen:**
Aus einem Pfennig wird die Maus. Die Maus liegt mitten in der Schachtel. Die Schachtel jetzt vorsichtig so neigen, daß die Maus erst das eine Haus erreicht und danach zu dem anderen Haus hinüberrutscht.

Für Kinder ab 6 Jahre

## WENN EIN BÄR IN EINE BÄRENFALLE TAPPT

**Die Vorbereitungen für das Spiel:**
Ein Bastelvorschlag kombiniert mit einer Spielanleitung. Aus einem Schachteldeckel wird die Kullerbahn für eine Glasmurmel. Und so wird die Kullerbahn gemacht: In den Deckel vier Löcher in einigem Abstand voneinander bohren. Durch jedes Loch muß eine Glasmurmel passen. Eine Landschaft um die Löcher herum malen. Gespielt wird mit einer Glasmurmel.
**Das Spiel kann beginnen:**
Die Glasmurmel in den Deckel legen. Die Murmel ist der Bär. Ihr Kind läßt die Glasmurmel über die bemalte Fläche kullern. Es kippt den Deckel hin und her. Tappt der Bär in eine Falle? Fällt die Murmel in ein Loch?

Auch bei diesem Spiel läßt sich der eigene Rekord brechen: Ihr Kind lernt, die Kugel immer schneller hin- und herzurollen und umgeht dabei sämtliche Hindernisse immer geschickter.

Für Kinder ab 7 Jahre

## DER KLETTERMAXE

**Die Vorbereitungen für das Spiel:**
Zuerst wird der Klettermaxe gemacht. Gebraucht wird: ein Magnet, eine Büroklammer, Klebestreifen, festeres Papier, eine Schere und ein paar Stifte. Die Bastelanleitung für den Klettermaxe: Einen kleinen Maxe (doppelt so groß wie eine Büroklammer) auf Papier malen und ausschneiden. Den Klettermaxe mit Klebeband auf dem kurzen Ende der Büroklammer befestigen.
**Das Spiel kann beginnen:**
Gespielt wird an einem Vorhang. (Zu dick darf der Stoff nicht sein.) Ihr Kind setzt den Klettermaxe auf den Vorhang und dirigiert ihn per Magnet von der Rückseite aus kreuz und quer über den Stoff.

Für Kinder ab 6 Jahre

## EIN SPIEL GENAU NACH ANWEISUNG

Ein Konzentrationsspiel mit einem versteckten Gag. Und dieser Gag ist gar nicht so leicht zu entdecken.
**Die Vorbereitungen für das Spiel:**
Sie schreiben die folgende Liste ab und geben sie Ihrem Kind.

1. Zuerst die Punkte 1 bis 10 dieser Liste durchlesen.
2. Den eigenen Namen unter die Liste schreiben.
3. Den Namen unterstreichen.
4. Einen Zauberer über den Text zeichnen.
5. Dem Zauberer eine Blume in die Hand zeichnen.
6. Einen Hund zeichnen, der auf den Zauberer zuläuft.
7. Das Wort »durchlesen« in der ersten Reihe unterstreichen.
8. Folgende Rechenaufgabe lösen und das Ergebnis links unter die Liste schreiben: 49 – 17 =
9. Einen Clown zeichnen, auf dessen Kopf eine Katze hockt.
10. Alles vergessen, nur das machen, was in Satz 4 angegeben ist.

Mit diesem Spielchen ist Ihr Kind schnell fertig, wenn es sich sehr gut konzentrieren kann. Sonst braucht es eine Weile dazu.

Für Kinder ab 6 Jahre

## GESCHICHTE OHNE ANFANG UND ENDE

**Die Vorbereitungen für das Spiel:**
Sie geben Ihrem Kind den folgenden Vierzeiler vor und dazu die Anregung, selbst einen Vers nach dem gleichen Prinzip zu basteln. Der Clou daran: Die »Geschichte« läßt sich im Kreis erzählen: immer wieder von vorn, egal mit welchem Satz man beginnt:

NACH DEM BALLETT
SPIELEN IM DUETT
FRITZ UND BABETT
DIE KLARINETT

Für Kinder ab 12 Jahre

## RÄTSEL AUSDENKEN

**Die Vorbereitungen für das Spiel:**
Sie regen Ihr Kind an, Rätsel zu erfinden. Und zeigen ihm ein einfaches Rätsel als Muster – zum Beispiel: Mein Rätsel lebt auf einem Bauernhof und weckt alle anderen in der Früh, weil es . . . (Welches Wort fehlt in dem Rätsel und welches Tier ist gemeint? Die Lösung: Der Hahn).
**Das Spiel kann beginnen:**
Ihr Kind denkt sich jede Menge Rätsel aus, schreibt sie in ein kleines Heft. Später dürfen Sie die Rätsel lösen.

Für Kinder ab 10 Jahre

## ZEITUNG SELBERMACHEN

**Die Vorbereitungen für das Spiel:**
Sie regen Ihr Kind an, eine Zeitung herzustellen und später in der Nachbarschaft zu vertreiben.
**Das Spiel kann beginnen:**
Zuerst wird eine Themenliste aufgestellt. Themen könnten zum Beispiel sein: Die Straße, in der wir leben (Wie sah's hier früher aus). Oder: Pläne für die nächsten Sommerferien. Dazu gibt's Nachrichten aus der Nachbarschaft oder weiteren Familie und Witze, usw. Ihr Kind interviewt vielleicht verschiedene Familienmitglieder oder stellt ein paar Hausbewohner in einem der Zeitungsartikel vor. Dann tippt es alle Texte sorgfältig auf der Schreibmaschine ab, fotokopiert die Texte und gestaltet eine Zeitung aus den verschiedenen Beiträgen. (Die Seiten lochen, ein Stück Bindfaden durchziehen und den Faden verknoten.)

Für Kinder ab 12 Jahre

## SUCHBILD AUF DEM T-SHIRT

**Die Vorbereitungen für das Spiel:**
Sie besorgen ein weißes T-Shirt, ein Stück Pappe (breit und lang wie das T-Shirt) und einen oder zwei Stoffmalstifte.
**Das Spiel kann beginnen:**
Die Pappe wird ins T-Shirt gesteckt und die Vorderseite glattgezogen. Dann malt Ihr Kind kleine und große Tiere auf den Stoff – zum Beispiel: Katzen, Hunde, Vögel, Mäuse, Hasen, usw. Von jeder Art malt es zwei Tiere – mit einer Ausnahme. Und Sie dürfen später das Tier suchen, das aus der Reihe tanzt.

Für Kinder ab 6 Jahre

## WÜRFELSPIEL AUSDENKEN

**Die Vorbereitungen für das Spiel:**
Sie regen Ihr Kind an, selbst ein Würfelspiel zu entwickeln mit vielen Ereignisfeldern und den entsprechenden Ereigniskarten. Papier, Stifte und ein großes Blatt Zeichenpapier werden gebraucht.
**Das Spiel kann beginnen:**
Zuerst wird die Würfelstrecke festgelegt und die Spielfelder werden eingeteilt. Bei der Planung und Ausführung sind der Fantasie keine Grenzen gesetzt. Später setzen sich Eltern und Kind zusammen und probieren das Spiel aus.
Für Kinder ab 8 Jahre

## KREUZWORTRÄTSEL ERFINDEN

Eine zweite Anregung für Spieleerfinder: Ein Kreuzworträtsel entwickeln. Das ist ganz schön knifflig und alles andere als einfach. Macht Spaß, erfordert aber viel Geduld.
Für Kinder ab 12 Jahre

## ZUNGENBRECHER AUSDENKEN

**Die Vorbereitungen für das Spiel:**
Sie regen Ihr Kind mit folgendem Zungenbrecher an, nach einem ähnlichen Muster selbst solch einen Vers zu machen:
SIEBEN SCHNEIDER
AUF SIEBEN SCHNEIDERKISSEN
SCHNEIDEN BIS SIE SCHWITZEN
MIT SIEBEN SPITZEN SCHEREN
SIEBEN SPITZE SCHLITZE
IN SIEBEN SPITZENSCHLEIER
**Das Spiel kann beginnen:**
Ihr Kind sucht Wörter zusammen, die ähnlich klingen oder sich sogar reimen und bastelt eine Geschichte daraus.
Für Kinder ab 12 Jahre

## DIE LÜGENGESCHICHTE

**Die Vorbereitungen für das Spiel:**
Sie schreiben Ihrem Kind eine Lügengeschichte auf einen Zettel – zum Beispiel den folgenden Klassiker:

Dunkel wars, der Mond schien helle,
Schneebedeckt die grüne Flur,
Als ein Wagen blitzeschnelle
Langsam um die Ecke fuhr.
Drinnen saßen stehend Leute,
Schweigend ins Gespräch vertieft,
Während ein erschossener Hase
auf der Wiese Schlittschuh lief.

Sie regen es dann an, selbst solch eine Geschichte zu erfinden.
Für Kinder ab 12 Jahre

## ZU REIMEN VERSE SUCHEN

**Die Vorbereitungen für das Spiel:**
Sie schreiben jeweils eine Latte von Wörtern auf einen Zettel – lauter Wörter, die sich reimen. Sie geben zum Beispiel folgende Reihen vor:

- Pinguin, geliehn, Spleen, Harlekin, Rosmarin, Hermelin, ihn, Medizin, verschrien, Harmonien, Melodien, Benjamin, Tamburin.
- dran, an, heran, voran, Bann, ich kann, Mann (von Feuerwehrmann bis Hampelmann), Tann, woran, Gespann, Tyrann.

**Das Spiel kann beginnen:**
Ihr Kind versucht, einen Vers oder mehrere Verse zu machen und dabei Wörter aus diesen Reimereihen zu verwenden. Ein Beispiel:

VON BENJAMIN
AUS KLEIN-STETTIN
HAT SICH GELIEHN
DER PINGUIN
DAS TAMBURIN

Oder:

DER HANSEMANN
DER FÄHRT SODANN
SO GUT ER KANN
DURCH GRÜNEN TANN
MIT DEM GESPANN
LANGSAM BERGAN.

Für Kinder ab 12 Jahre

## DAS KÄSTCHENLABYRINTH

**Die Vorbereitungen für das Spiel:**
Sie geben ein Raster vor, bestehend aus 9 mal 9 Kästchen. Sie schreiben neben das erste Kästchen in der obersten Reihe START und zeichnen in das Kästchen ein gelbes Dreieck. Neben das letzte Feld, unten ganz rechts, schreiben Sie ZIEL.

Sie geben das Raster an Ihr Kind weiter mit dem Auftrag, ein Labyrinth daraus zu machen nach folgendem Prinzip:

Alle Kästchen mit Dreiecken, Kreisen und Quadraten in den Farben gelb, rot, blau und grün ausmalen. Dabei einen bestimmten Weg einplanen vom Start zum Ziel für den folgende Spielregel gilt:

Wer durchs Labyrinth will, darf von einem Feld aufs andere vorrücken (waagerecht, senkrecht oder diagonal), wenn bestimmte Merkmale auf den Feldern übereinstimmen: Farbe oder Form. Von Gelb auf Gelb darf man also zum Beispiel vorrücken oder von Dreieck auf Dreieck.

**Das Spiel kann beginnen:**
Ihr Kind plant das Kästchenlabyrinth genau nach Vorgabe und Sie dürfen später den richtigen Weg von Kästchen zu Kästchen suchen.

Für Kinder ab 13 Jahre

## MIT ZAHLEN ZUM ZIEL

**Die Vorbereitungen für das Spiel:**
Sie geben Ihrem Kind wieder ein Raster vor (siehe oben) mit der Maßgabe, ein Labyrinth aus dem Raster zu machen. Der Weg durch das Labyrinth führt diesmal über Zahlenfelder und wieder von Nachbarfeld zu Nachbarfeld (waagerecht, senkrecht oder diagonal).

**Das Spiel kann beginnen:**
Ihr Kind schreibt beliebige Zahlen in die Kästchen und plant dabei einen Weg vom Start zum Ziel ein, über Felder, deren Zahlen durch 3 teilbar sind.

Für Kinder ab 12 Jahre

## STADT LAND FLUSS IM GEHEN SPIELEN

Ein Spiel für draußen. Nicht geeignet für Gänge durch die Stadt, denn es lenkt die Aufmerksamkeit vom Verkehr ab. Also das Spiel besser nur im Garten, im Park oder Hof spielen.
**Das Spiel kann beginnen:**
Gespielt wird im Gehen. Ihr Kind stellt sich selbst die Aufgabe, mit jedem Schritt einen anderen Städtenamen zu nennen. In der ersten Spielrunde sollen zum Beispiel alle Städtenamen mit einem B beginnen: Bonn, Bremen, Berlin, Bochum... Für wieviel Schritte reichen die Namen? Dann beginnt das Spiel von vorn, jetzt mit einem neuen Buchstaben. Und nach den Städten sind irgendwann Flüsse dran und danach Jungennamen, Mädchennamen, Tiernamen.
Für Kinder ab 12 Jahre

## AUTO-PASCH

Ein Spiel zum Zeitvertreib für längere Gänge durch eine Stadt. Ihr Kind beobachtet alle Autos, die ihm entgegenkommen und sammelt bestimmte Autopaare.
**Das Spiel kann beginnen:**
Gespielt wird im Gehen. Kommen Ihrem Kind zwei Autos gleicher Farbe entgegen, darf es sich selbst zwei Punkte gutschreiben. Kommen ihm zwei Wagen des gleichen Fabrikats entgegen, darf es sich vier Punkte gutschreiben. Kommt ihm ein Bus entgegen, muß es einen Punkt abgeben. Das Spiel läßt sich noch weiterentwickeln.
Für Kinder ab 8 Jahre

## BALLPROBE

**Die Vorbereitungen für das Spiel:**
Ein Klassiker unter den Spielen. Gebraucht wird eine freie Wand und ein Ball.
**Das Spiel kann beginnen:**
Den Ball jeweils zehnmal hintereinander auf folgende Art und Weise an die Wand werfen und wieder auffangen: Erst mit beiden Händen gleichzeitig werfen und wieder auffangen, dann mit der rechten, jetzt mit der linken. Nun werfen und sich vorm Auffangen einmal um die eigene Achse drehen. Oder vorm Auffangen einmal in die Hände klatschen.
Für Kinder ab 8 Jahre

## DAS KULLERAUTO

**Die Vorbereitungen für das Spiel:**
Gespielt wird mit einem kleinen Ball auf sandigem Boden. Sie zeichnen mit einem Stock eine kurvige Straße auf den Boden.
**Das Spiel kann beginnen:**
Einen kleinen Ball mitten auf die Straße legen, den Ball mit einem kleinen Stock anticken und vorsichtig über die vorgezeichnete Strecke dirigieren. Er darf die Straße nicht verlassen. Berührt er die Begrenzung, beginnt das Spiel von vorn.
Für Kinder ab 6 Jahre

## SCHLANGENLINIEN

**Die Vorbereitungen für das Spiel:**
Sie ritzen mit einem Stock eine kurvenreiche Strecke mit vielen kleinen und großen Einbuchtungen in den Erdboden (zum Beispiel auf einem Parkweg).
**Das Spiel kann beginnen:**
Ihr Kind balanciert auf dem vorgegebenen Strich, setzt einen Fuß vor den anderen und darf nicht vom Weg abkommen.
Für Kinder ab 5 Jahre

## WASSERSPIELE

**Die Vorbereitungen für das Spiel:**
Ein weiteres Sommerspiel. Sie stellen Ihrem Kind eine möglichst große Schüssel mit Wasser nach draußen und markieren mit Hilfe von Klebepunkten vier Punkte über Kreuz am Schüsselrand. Gespielt wird mit einem Pingpongball.
**Das Spiel kann beginnen:**
Den Ball aufs Wasser legen. Und dann übers Wasser hin- und herpusten. Oder den Ball mit dem Finger vorwärtsschnippen. Für jeden Treffer gibt's einen Punkt.

Ihr Kind kann bei diesem Spiel gegen sich selbst antreten: Es spielt zwei Minuten und zählt dabei all seine Treffer zusammen. Dann pausiert es ein Weilchen. Spielt anschließend wieder zwei Minuten und zählt die Treffer erneut zusammen. Wann gab's mehr Treffer?

Für Kinder ab 8 Jahre

## DEN TEDDY SUCHEN

**Die Vorbereitungen für das Spiel:**
Gespielt wird wieder draußen, und zwar mit einem Teddy.
**Das Spiel kann beginnen:**
Der Teddy wird irgendwo abgelegt – zum Beispiel mitten auf dem Rasen. Dann entfernt sich Ihr Kind mit zehn großen Schritten vom Teddy, schließt die Augen und versucht dann, zu dem Teddy zurückzufinden. Ist er nach zehn Schritten noch nicht wiedergefunden, darf ein Blick riskiert werden und dann beginnt die Suche von vorn.

Für Kinder ab 6 Jahre

## WETTERSTATION

**Die Vorbereitungen für das Spiel:**
Sie brauchen einen Tannenzapfen, ein Einmachglas, einen Meßbecher. Dazu Zettel und Bleistift. Und eine Fahne. Mit Hilfe dieser Utensilien kann sich Ihr Kind in einem Garten oder auf einem Balkon eine einfache Wetterstation installieren.
**Das Spiel kann beginnen:**
Zuerst gilt es den Tannenzapfen zu beobachten, der aufrecht stehen sollte. Wenn feuchtes Wetter in Sicht ist, liegen seine Schuppen flach an. Wenn es trocken bleibt, stehen die Schuppen ab.

Die Wetterfahne zeigt die Windrichtung an. Die jeweilige Richtung und Stärke (schwacher Wind, starker Wind oder kein Wind) einmal am Tag notieren.

In dem Einmachglas Regenwasser sammeln. Einmal am Tag das Glas in einen Meßbecher entleeren und die entsprechende Wassermenge notieren.

Für Kinder ab 10 Jahre

## REGENBOGEN MACHEN

**Die Vorbereitungen für das Spiel:**
Eine Sommerbeschäftigung für draußen. Gebraucht wird ein Gartenschlauch und ein Wasseranschluß.
**Das Spiel kann beginnen:**
Mit Wasser in Richtung Sonne spritzen und sich über das Farbenspiel freuen, das dabei entsteht.

Für Kinder ab 6 Jahre

# Quellenangaben


[1] Monika Häußler: Von der Enthaltsamkeit zur verantwortungsbewußten Fortpflanzung. Über den unaufhaltsamen Aufstieg der Empfängnisverhütung und seine Folgen, in: M. Häußler, C. Helferich, G. Walterspiel: Bauchlandungen. Abtreibung, Sexualität, Kinderwunsch, Frauenbuchverlag, München 1983, S. 65

[2] ebda., S. 66

[3] vgl. Reiner Schulz: Auswirkungen zunehmender Geschwisterlosigkeit, Sonderdruck aus »Zeitschrift für Bevölkerungswissenschaft«, Heft 1, Harald Boldt Verlag, Boppard am Rhein, 1988, S. 5 und Thomas v. Kürthy et al: Einzelkinder. Untersuchung über eine in der Forschung und Literatur kaum berücksichtigte, aber immer größer werdende Problemgruppe. Bericht über das von der Deutschen Forschungsgemeinschaft geförderte Forschungsprojekt, Aachen 1990, S. 7

[4] Thomas v. Kürthy, a. a. O., S. 6, 8

[5] Reiner Schulz, a. a. O., S. 12

[6] Andrejs Urdze, Maria S. Rerrich: Frauenalltag und Kinderwunsch. Motive von Müttern für oder gegen ein zweites Kind, Campus Verlag, Frankfurt/New York 1981

[7] ebda.

[8] zit. nach Ellie Mc Grath: Mein Ein und Alles. Ein Plädoyer für das Einzelkind, Kabel Verlag, Hamburg 1991, S. 18

[9] Alfred Adler: Wozu leben wir? Fischer Taschenbuch Verlag, Frankfurt am Main 1979, S. 124

[10] ebda., S. 124f

[11] ebda. S. 102

[12] Karl König: Brüder und Schwestern. Geburtenfolge als Schicksal, Vandenhoek und Ruprecht, Göttingen 1989, S. 26

[13] ebda., S. 28

[14] ebda., S. 29

[15] ebda., S. 31

[16] ebda., S. 32

[17] Walter Toman: Familienkonstellationen. Ihr Einfluß auf den Menschen, Verlag C. H. Beck, München 1991, S. 33

[18] ebda., S. 89

[19] ebda., S. 158

[20] ebda., S. 159

[21] ebda., S. 174

[22] ebda., S. 175

[23] ebda.

[24] vgl. Thomas von Kürthy: Einzelkinder. Chancen und Gefahren im Vergleich mit Geschwisterkindern, Bardtenschlager Verlag, München 1988, S. 42

[25] vgl. Toni Falbo: The Single-Child Family, The Guilford Press, New York, London 1984, S. 19

[26] Candice Feiring, Michael Lewis: Only and First-Born Children: Differences in social behavior and development, in: Toni Falbo, a. a. O., S. 58

[27] H. Theodore Groat, Jerry Wicks, Arthur G. Neal: Without Siblings. The Consequences in adult life of having been an only

child, in: Toni Falbo, a.a.O., S. 285 f

28 M. H. Schmidt, W. Woerner, G. Esser: Sind Einzelkinder psychisch auffälliger? in: Münchner Medizinische Wochenschrift, 132. Jahrgang 1990, Nr. 4, S. 33

29 Thomas v. Kürthy, München 1988, a.a.O., S. 70

30 Thomas v. Kürthy, Aachen 1990, a.a.O.

31 ebda., S. 113 ff

32 Thomas v. Kürthy, München 1988, a.a.O., S. 9

33 ebda., S. 31

34 Thomas v. Kürthy, Aachen 1990, a.a.O., S. 130

35 Dorothea Kammerer: Geschwister. Welche Konflikte zwischen ihnen bestehen und wie Eltern damit umgehen können, Mosaik Verlag, München 1991, S. 141

36 Rudolf Dreikurs, Vicki Soltz: Kinder fordern uns heraus. Wie erziehen wir sie zeitgemäß? Klett-Cotta Verlag, Stuttgart 1987, 18. Auflage, S. 208 und 216

37 Anneke Napp-Peters: Scheidungsfamilien. Interaktionsmuster und kindliche Entwicklung, Eigenverlag des Deutschen Vereins für öffentliche und private Fürsorge, Frankfurt 1988, S. 36 ff

38 ebda., S. 50

39 Thomas v. Kürthy, Aachen 1990, a.a.O., S. 146

40 U. Martiny, W. Voegeli: Die Ehe endet ..., in: Wie geht's der Familie? Ein Handbuch zur Situation der Familien heute, Deutsches Jugendinstitut (Hrsg.), Kösel-Verlag, München 1988, S. 180 f

41 Elisabeth Beck-Gernsheim: Die Kinderfrage. Frauen zwischen Kinderwunsch und Unabhängigkeit, C. H. Becksche Verlagsbuchhandlung, München 1988, S. 72

42 Ewa Roßberg: Einzelkinder, Rowohlt Taschenbuch Verlag, Reinbek bei Hamburg 1989, S. 91

43 Thomas v. Kürthy, München 1988, a.a.O., S. 22

44 Thomas v. Kürthy, Aachen 1990, a.a.O., S. 143 f

45 Anne-Bärbel Münchmeier: Kleinkinder-Treff. Anregungen für die Zeit zwischen Krabbelalter und Kindergarten, Rowohlt Taschenbuch Verlag, Reinbek bei Hamburg 1982, S. 12 ff

46 ebda., S. 18 ff

47 ebda., S. 94 f

48 Monika Jäckel, Greta Tüllmann u.a.: Mütter im Zentrum – Mütterzentrum. Wo Frauen mit ihren Kindern leben, Deutsches Jugendinstitut, München 1988, S. 54 ff

49 ebda., S. 193 f

50 »Brigitte Extra«, Nr. 1, 6.2. 1991, S. 12

51 Thomas Gordon: Familienkonferenz. Die Lösung von Konflikten zwischen Eltern und Kind, Wilhelm Heyne Verlag, München 1991, S.32

52 ebda., S. 32 f

53 ebda., S. 33

54 Thomas v. Kürthy, München 1988, a.a.O., S. 71 f

55 vgl. ebda., S. 72

56 Thomas Gordon, a.a.O., S. 165

57 Thomas v. Kürthy, München 1988, a.a.O., S. 22

58 ebda., S. 91 f

59 Dorothy Briggs: Gib deinem Kind Selbstvertrauen, Albert

Müller Verlag, Rüschlikon-Zürich 1975, S. 54

[60] ebda., S. 59

[61] Thomas v. Kürthy, München 1988, a. a. O., S. 99

[62] Rudolf Dreikurs, a. a. O., S. 193

[63] Thomas Gordon, a. a. O., S. 47

[64] Rudolf Dreikurs, a. a. O., S. 180 f

[65] ebda., S. 44

[66] Thomas v. Kürthy, München 1988, a. a. O., S. 97

[67] Elisabeth Beck-Gernsheim, a. a. O., S. 166 f

[68] vgl.: Eva Dörpinghaus: Hausfrau – (k)ein Beruf fürs Leben? Kreuz Verlag, Zürich 1991

[69] »Frauen in der Bundesrepublik Deutschland«, Bundesministerium für Jugend, Familien, Frauen und Gesundheit (Hrsg.), Bonn 1989, S. 48

[70] »Wie geht's der Familie? Ein Handbuch zur Situation der Familien heute«, a. a. O., S. 308

[71] vgl.: Eva Dörpinghaus: Meine Kinder und mein Chef. Mütter im Beruf, Kreuz Verlag, Zürich 1990

[72] vgl.: Reiner Schulz, a. a. O., S. 12

[73] Diezinger A. u. a.: Zukunft mit beschränkten Möglichkeiten, Schlußbericht an die Deutsche Forschungsgemeinschaft, Hektographiertes Manuskript, München 1982, zit. nach Maria S. Rerrich: »Kinder, ja, aber . . .«, in: »Wie geht's der Familie?«, a. a. O., S. 61

[74] Elisabeth Beck-Gernsheim, a. a. O., S. 100 f

[75] vgl.: Andrejs Urdze, Maria S. Rerrich, a. a. O., S. 21

[76] Elisabeth Beck-Gernsheim, a. a. O., S. 101

[77] zit. nach »Vital«, 4/88, S. 68

# Literatur zum Thema

BECK-GERNSHEIM, Elisabeth: Die Kinderfrage. Frauen zwischen Kinderwunsch und Unabhängigkeit, Verlag C. H. Beck, München 1988

BÖCKER, Bärbel, SIMSON, Ina: Chinas kleine Sonnen, Ein-Kind-Familienpolitik: Einzelkind und Sexualerziehung, Verlag Westfälisches Dampfboot, Münster 1989

BRIGGS, Dorothy C.: Gib deinem Kind Selbstvertrauen, Albert Müller Verlag, Rüschlikon-Zürich 1975

BÜTTNER, Christian: Spiele gegen Streit, Angst und Not. Spielpädagogik und soziales Lernen, A. Waldkircher Verlag, Waldkirch 1982

DESSAI, Elisabeth: Auf dem Weg in die kinderlose Gesellschaft, Rowohlt Taschenbuch Verlag, Reinbek 1979

–: Kinder? Höchstens eins! Vom Geburtenrückgang zur künstlichen Menschenproduktion? Rowohlt Taschenbuch Verlag, Reinbek 1985

Deutsches Jugendinstitut (Hg.): Wie geht's der Familie? Ein Handbuch zur Situation der Familien heute, Kösel-Verlag, München 1988

DÖRPINGHAUS, Eva: Hausfrau – (k)ein Beruf fürs Leben? Wie frau das Beste daraus macht und auch wieder aussteigen kann, Kreuz Verlag, Zürich 1991

–: Meine Kinder und mein Chef. Mütter im Beruf, Kreuz Verlag, Zürich 1990

DREIKURS, Rudolf, SOLTZ, Vicki: Kinder fordern uns heraus. Wie erziehen wir sie zeitgemäß? Klett-Cotta, 1987

FABER, Adele, MAZLISH, Elaine: Hilfe, meine Kinder streiten. Ratschläge für erschöpfte Eltern, Knaur Taschenbuch Verlag, Droemer, München 1990

FELBINGER, Helga: Und den Alltag schaff' ich auch, Kreuz Verlag, Zürich 1989

GORDON, Thomas: Familienkonferenz. Die Lösung von Konflikten zwischen Eltern und Kind, Wilhelm Heyne Verlag, München 1989

GRATH MC, Ellie: Mein Ein und Alles. Ein Plädoyer für das Einzelkind, Ernst Kabel Verlag, Hamburg 1991

HÄUSLLER, M., HELFERICH, C., WALTERSPIEL, G., WETTERER, A.: Bauchlandungen. Abtreibung, Sexualität, Kinderwunsch, Weismann Verlag- Frauenbuchverlag, München 1983

JAECKEL, Monika, TÜLLMANN, Greta u. a.: Mütter im Zentrum. Mütterzentrum, DJI Verlag Deutsches Jugendinstitut e. V. München, Juventa Verlag, Weinheim und München 1988

KARTTE-PFÄHLER, Sabine: Die alleinerziehende Mutter und ihre Probleme im Alltag. Orientierungshilfen, Mosaik Verlag, München 1991

KÜRTHY v., Thomas: Einzelkinder. Chancen und Gefahren im Vergleich mit Geschwisterkindern, Bardtenschlager Verlag, München 1988

MÜNCHMEIER, Anne-Bärbel: Kleinkinder-Treff. Anregungen für die Zeit zwischen Krabbelalter und Kindergarten, Rowohlt, Taschenbuch Verlag, Reinbek bei Hamburg 1982

NAPP-PETERS, Anneke: Scheidungsfamilien. Interaktionsmuster und kindliche Entwicklung. Aus Tagebüchern und Interviews mit Vätern und Müttern nach Scheidung, Eigenverlag des Deutschen Vereins für öffentliche und private Fürsoge, Frankfurt 1988

ROLLIN, Marion: Typisch Einzelkind. Das Ende eines Vorurteils, Hoffmann und Campe Verlag, Hamburg 1990

ROSSBERG, Ewa: Einzelkinder, Rowohlt Taschenbuch Verlag, Reinbek 1989

RUBIN, Carol, RUBIN, Jeffrey: Warum Familien streiten müssen, Kabel Verlag, Hamburg 1990

SCHÖN, Bärbel (Hg.): Emanzipation und Mutterschaft. Erfahrungen und Untersuchungen über Lebensentwürfe und mütterliche Praxis, Juventa Verlag, Weinheim und München 1989

TAUSCH-FIEDLER, Angelika, FIEDLER, Roland: Reisen mit Kind. Ein Reisehandbuch, Express Edition, Berlin 1985

URDZE, Andrejs, RERRICH, Maria S.: Frauenalltag und Kinderwunsch. Motive von Müttern für oder gegen ein zweites Kind, Campus Verlag, Frankfurt/New York 1981

WEIDENBACH-JANOSITZ, Suse: Die berufstätige Mutter und ihre Probleme im Alltag. Orientierungshilfen, Mosaik Verlag, München 1990

WIEGMANN, Barbelies: Ende der Hausfrauenehe. Plädoyer gegen eine trügerische Existenzgrundlage, Rowohlt Taschenbuch Verlag, Reinbek 1980

# Adressen

## Informationen zur Familien- und Erziehungsberatung

Bundesverband Neue Erziehung
Oppelner Straße 130
5300 Bonn 1
(Informationen über Eltern-Selbsthilfegruppen und Eltern-initiativen)

Bundeszentrale für gesundheitliche Aufklärung
Ostmerheimer Straße 200
5000 Köln 91
(Kostenlose Broschüre: »Selbsthilfe für Eltern«)

## Informationen für Alleinerziehende

Verband Alleinstehender Mütter und Väter e. V.
Von-Groote-Platz 20
5300 Bonn 2

Intakte Elternschaft trotz Ehescheidung
Germersheimer Straße 26
8000 München 90
(Broschüre zum Thema »gemeinsames Sorgerecht« gegen mit 1,70 DM frankierten Rückumschlag)

DIALOG
(Väter und Mütter für gemeinsame Elternschaft)
Haldenstraße 75
4630 Bochum

Arbeitskreis Partnerschaftskrise, Trennung, Scheidung e. V.
Schneckenhofstraße 27
6000 Frankfurt/Main

## Kontaktadressen von Stillgruppen

Arbeitsgemeinschaft Freier Stillgruppen
Bundesverband e. V.
Postfach 31 11 12
7500 Karlsruhe

La Leche Liga Deutschland e. V.
Postfach 96
8000 München 65

## Informationen über Spielgruppen

Arbeitsgemeinschft von Einrichtungen für Familienbildung
Alexanderstraße 18
5600 Wuppertal 1

Bundesarbeitsgemeinschaft für Evangelische Familien-
Bildungsstätten
Deutenbacher Straße 1
8504 Stein bei Nürnberg

Bundesarbeitsgemeinschaft Katholischer Familien-Bildungsstätten
Prinz-Georg-Straße 44
4000 Düsseldorf

## Kontaktadresse für Mütterzentren

Mütterzentren Bundesverband e. V.
Erikastraße 11
3320 Salzgitter

## Familienferien

VAMOS, Bildung und Reisen e. V.
Fundstraße 11
3000 Hannover 1

Deutsches Jugendherbergswerk e. V.
Bismarckstraße 8
4930 Detmold

## Informationen über gemeinnützige Familienstätten

Evangelischer Arbeitskreis für Familienerholung
Wagenburgstraße 28
7000 Stuttgart 1

Katholischer Arbeitskreis für Familienerholung
Adenauerallee 134
5300 Bonn 1

Paritätischer Arbeitskreis für Familienerholung
c/o Deutscher Paritätischer Wohlfahrtsverband
Heinrich-Hoffmann-Straße 3
6000 Frankfurt 71

# Register